THE EAST OF ASUKA

東の飛鳥

——新・下野風土記——

下野市立しもつけ風土記の丘資料館［著］

下野国分寺回廊 CG（コンピュータグラフィックス）

随想舎

下野国分寺・国分尼寺

出土時の鬼瓦（国分尼寺第 3 次発掘調査：昭和 41 年 7 月★）

出土状況を図面に描く（国分尼寺第 2 次発掘調査：昭和 40 年 7 月★）

出土した瓦群（国分尼寺第 2 次発掘調査：昭和 40 年 7 月★）

下野国分尼寺跡発掘調査風景（東側から：昭和 39 年）

下野国分寺金堂 CG

下野国分寺金堂・七重塔・中門（西側から）CG

整備された下野国分尼寺跡（南西側から：昭和45年）

岐阜県根尾村（現・本巣市）から贈られ、
下野国分尼寺跡に植えられた淡墨桜

下野薬師寺

西回廊と講堂基壇接続部付近から出土した礎石（薬師寺第 4 次発掘調査：昭和 43 年 11 月★）

西回廊跡の調査風景（北側から：薬師寺第 4 次発掘調査：昭和 43 年 11 月★）

講堂基壇西縁と礎石の中間地区から出土した丸瓦（薬師寺第 4 次発掘調査：昭和 43 年 11 月★）

出土状況の図面を描く大金宣亮。下野薬師寺跡や下野国府跡等の史跡整備に尽力した（薬師寺第 4 次発掘調査：昭和 43 年 11 月★）

史跡整備された現在の下野薬師寺跡（南西側から）

下野薬師寺全景 CG（南側から）

下野薬師寺金堂 CG

下野薬師寺五重塔・回廊・中門 CG

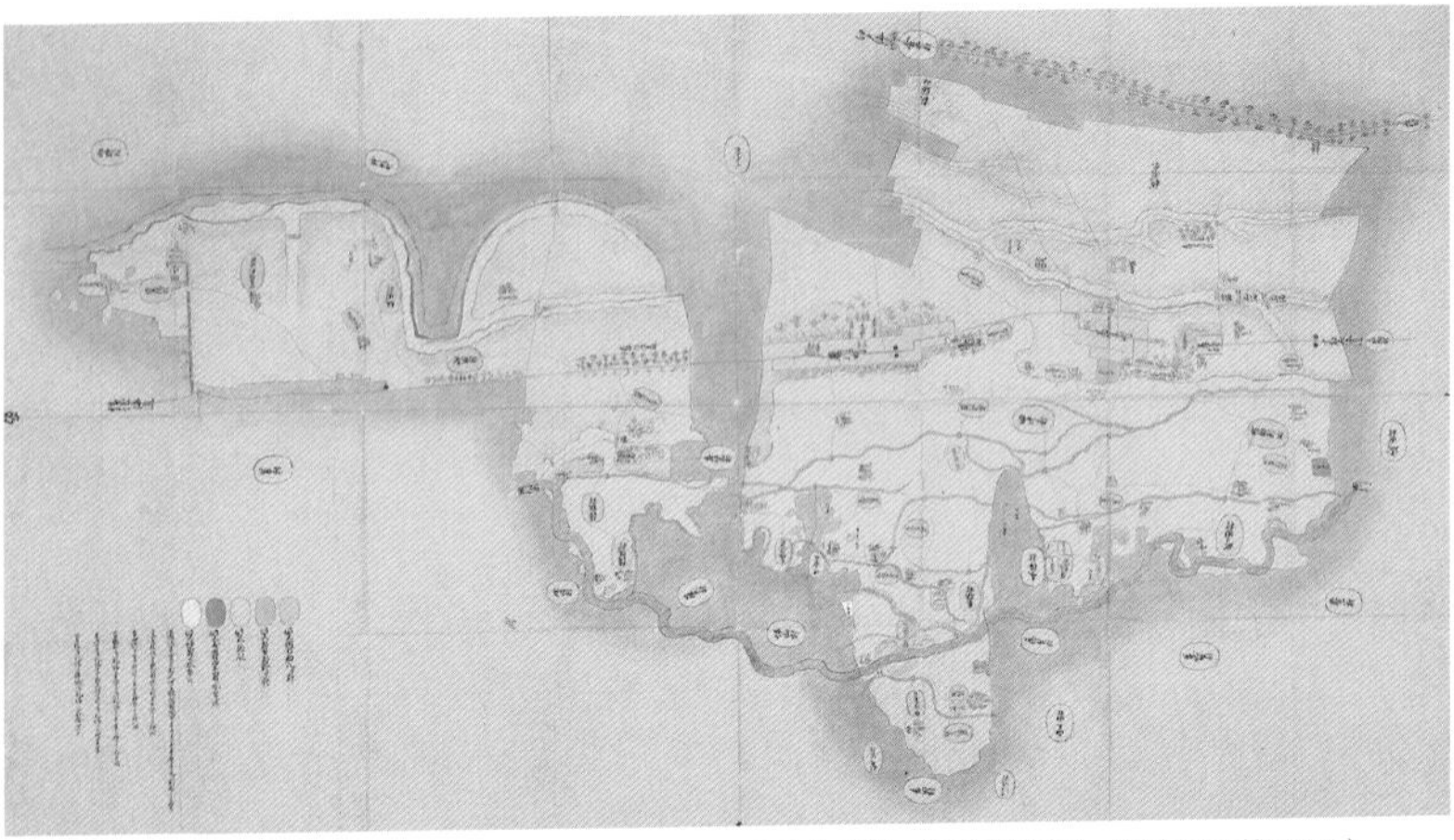

薬師寺村外九ヶ村申出図（天和元［1681］年、所蔵：秋田県公文書館、『南河内町史』史料編５絵図より）

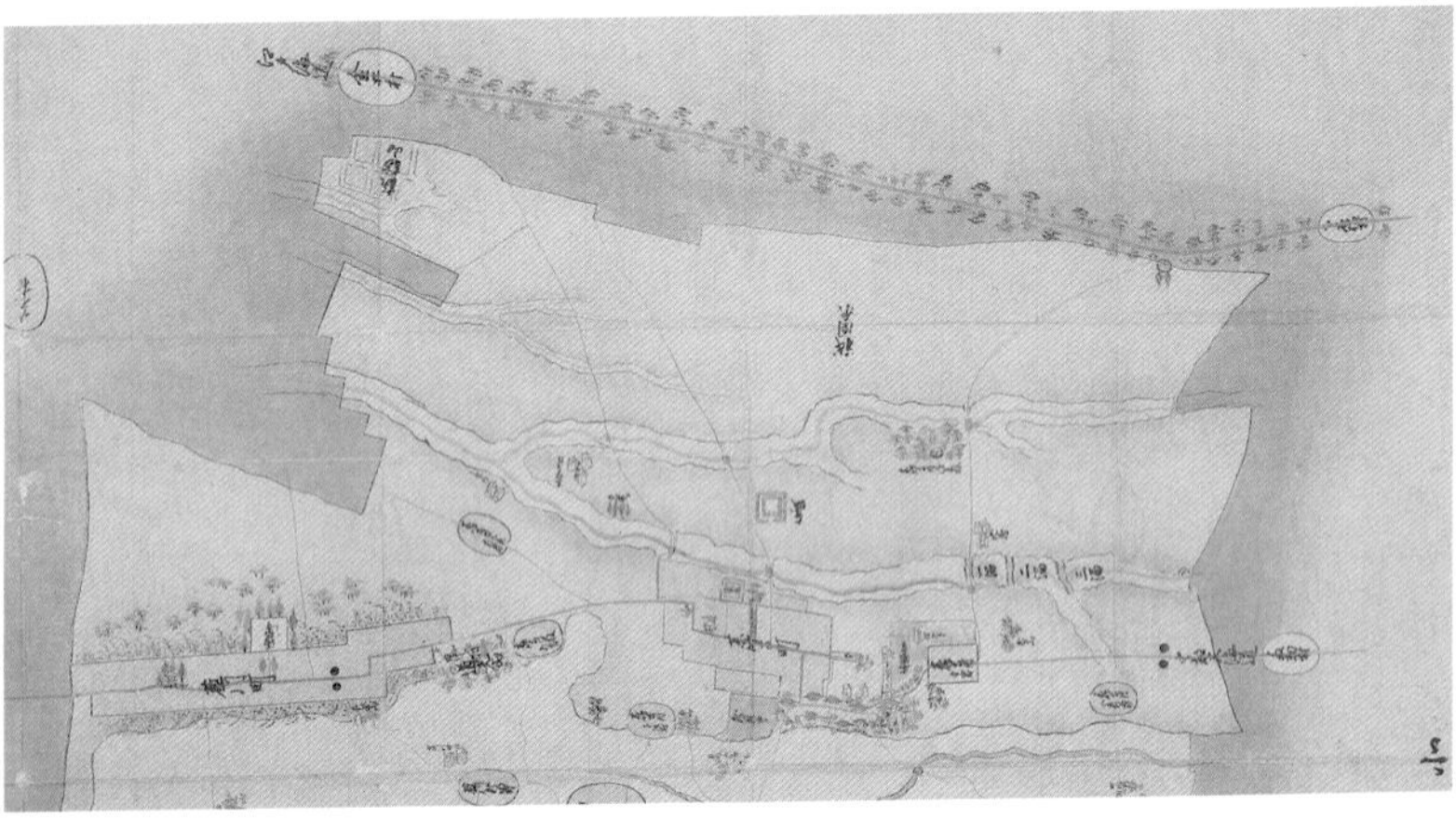

薬師寺村外九ヶ村申出図（右上部分拡大図）

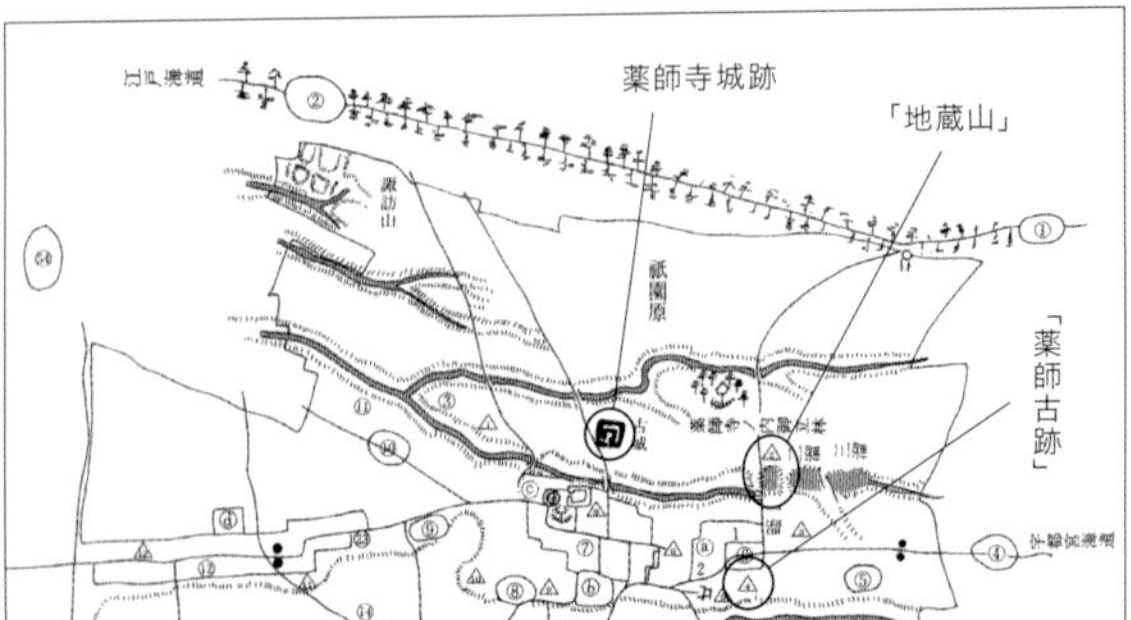

薬師寺村外九ヶ村申出図（部分拡大略図：『南河内町史』史料編５絵図より）

江戸時代、秋田藩佐竹氏の江戸賄料（まかないりょう）としてあてがわれた秋田藩下野領の領分絵図。ここに描かれている「薬師古跡」が下野薬師寺跡。絵図に「一溜」と記されている場所は、昭和の頃までは「三味場溜井」とも呼ばれ、付近は今なお「地蔵山」と呼ばれている（58頁参照）。

甲塚古墳築造を再現したCG

CGで彩色復元した機織形埴輪（甲塚古墳出土）

下野薬師寺回廊に佇む道鏡（イメージ写真:『ビジュアル版 下野薬師寺』より）

道鏡と孝謙（称徳）天皇にまつわる伝説が残る孝謙天皇神社（下野市上大領）

下野薬師寺五重塔 CG（再建期：南西側から）

（提供クレジットの記載がないものは市教育委員会蔵。★は辰巳四郎コレクション：所蔵・写真提供：栃木県立博物館）

東の飛鳥

―新・下野風土記―

THE EAST OF ASUKA

下野市立しもつけ風土記の丘資料館［著］

刊行に寄せて

下野市長　広瀬　寿雄

「景観十年・風景百年・風土千年」という言葉があります。これは、交通工学・風土工学の先駆者である京都大学名誉教授佐佐木綱先生の言葉です。

この言葉のとおり、私たちの下野市には、先人達が千数百年の歳月の中で守り継承してくれた大切な風土があります。本市からは男体山、筑波山と共に冬の夕暮れに深紅に染まる赤富士を遠方に観ることができます。これらを背景に下野薬師寺や下野国分寺の伽藍が輝き、五重塔や七重塔がそびえ立つ姿を当時の人々はどのような気持ちで眺めたのでしょう。数千年前の昔から本市域に暮らした人々も日々の暮らしの中で、同じ風景を見ていたと考えると悠久の歴史に親近感を感じます。

現代に生きる私たちも未来の下野市民のために風土・風景・文化財を大切に守っていきたいと思います。

下野市教育委員会教育長　池澤　勤

下野市では、およそ一万一千年前から人が定住した痕跡（遺跡）が確認されています。現代に暮らす私たちの寿命が百年に届くようになっても、一万年という時間は想像もつかない遠い過去の出来事です。

このように、遥かいにしえの昔から人々は、獲物の捕獲や原野の開墾など、自分たちの生命と安全を守るため、集団で力をあわせて行動してきました。集団で行動するには、皆が同じ考え方、価値観、ルールをもって生活しなければなりません。同じ目的に向かった行動が、一つの「文化」となったわけです。こうした文化形成に由来する出来事やムラやマチのアイデンティティー形成を繋げていくとそれらが「歴史」になるわけです。

私たちには、先人から連綿と継承されてきた下野市の「歴史と文化」＝「文化財」を次の世代へと引き継ぐという大きな責務があります。

下野市の歴史と文化をご理解いただく上で、多くの皆さんに参考になれば幸甚です。

目次

本文中の※は用語解説（122 頁）を参照

プロローグ

下野市には、下野薬師寺跡、下野国分寺跡・尼寺跡、小金井一里塚の四件の国史跡が所在します。これらは、わが国や栃木県の歴史を考える上で欠くことのできない史跡です。下野薬師寺跡と下野国分寺跡は大正一〇（一九二一）年三月、足利学校とともに県内で初の国の史跡に指定されました。これらの史跡のほかに市内には五〇〇カ所以上の埋蔵文化財包蔵地と古墳、城跡などが残されています。今後、新たな発見とともに、この数は増えることが予測できます。

本市に所在する遺跡は弥生時代後期から平安時代期の遺跡が多いことが特徴です。弥生時代後期は日本全史的な見方をすると、邪馬台国に女王卑弥呼がいた少し後の時代ですが、この地域では戦いの痕跡は発見されていません。その後の古墳時代後期～飛鳥時代（六世紀後半～七世紀前半）には下毛野を代表する首長が、本市域周辺を墓域として大型古墳を数基にわたり築造しました。七世紀中頃になると後に東アジアの国々に対して新たな国「日本」という名称を名乗る領域の一部として、新しい政策として採用された律令体制の中に地方豪族たちも組み込まれていきます。国家として初の激動期を迎える中で仏教を取り入れた政治指針により中央も地方も意識改革・構造転換が図られ、そのような時代背景の中で下野薬師寺が建立されたと考えられています。

当時、東国の中でも先進地であった本市域は、中央の歴史と並走するように中央の政治方針がダイレクトに伝わる地域であったことから、七世紀〜十二世紀の約六〇〇年間、下（毛）野国の政治における中心的役割を果たしました。その結果、本市域を中心に周囲一〇キロメートルの範囲に歴代の首長墓・群集墳のほか、都と東北（多賀城［宮城県多賀城市］などの城柵《じょうさく》）を結ぶ東山道沿線には、律令初期の官衙、下野薬師寺、下野国府、下野国分寺・尼寺などが残されています。

七世紀後半に創建されたと推定されている下野薬師寺は、当地域を統括していた豪族・下毛野氏の氏寺として、あるいは当初より中央の関与を受けて創建されたなどの説があります。いずれにしてもこの下毛野氏からは地方豪族ながら式部卿大将軍正四位下《しきぶきょうだいしょうぐんしょうしいげ》の官位まで上りつめ大宝律令の編さんなど中央で活躍した超エリートの下毛野朝臣古麻呂《しもつけのあそんこまろ》が輩出されました。

古麻呂は古墳時代以降、当地域に移住してきた多くの渡来人を介して、幼少の頃から半島や唐の言葉や文化を習得し、その知識を使いこなすことができた故に、国家の指針となる大宝律令の選定事業の中心で活躍できたと考えられています。この地域は古麻呂や弓削道鏡《ゆげのどうきょう》はじめ、下野薬師寺の改修のために平城京から派遣された技術者や『万葉集』に記載された名も無き人々がかかわった痕跡が奈良県飛鳥地方のように残されていることから、本市を「東の飛鳥」と呼んでいます。

古代の日本と各国の国分寺・国分尼寺所在地

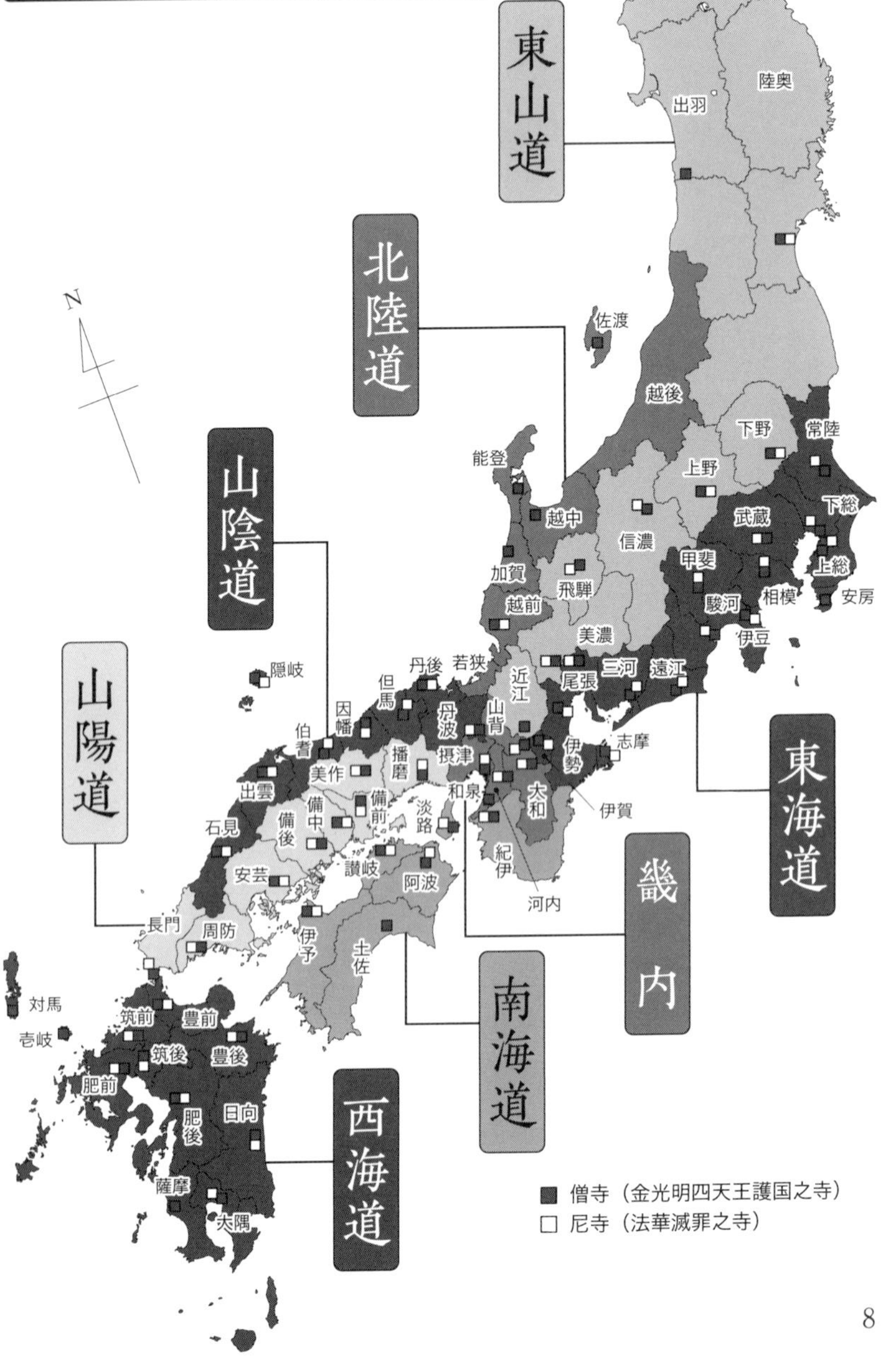

東山道

近江《おうみ》	僧寺 尼寺	滋賀県甲賀市(推定地) (不明)
美濃《みの》	僧寺 尼寺	岐阜県大垣市 岐阜県不破群垂井町
飛騨《ひだ》	僧寺 尼寺	岐阜県高山市
信濃《しなの》	僧寺 尼寺	長野県上田市
上野《こうづけ》	僧寺 尼寺	群馬県高崎市
下野《しもつけ》	僧寺 尼寺	栃木県下野市
陸奥《むつ》	僧寺 尼寺	宮城県仙台市
出羽《でわ》	僧寺 尼寺	山形県酒田市(推定地) (不明)

東海道

伊賀《いが》	僧寺 尼寺	三重県伊賀市
伊勢《いせ》	僧寺 尼寺	三重県鈴鹿市 三重県鈴鹿市(推定地)
志摩《しま》	僧寺 尼寺	三重県志摩市 三重県志摩市(推定地)
尾張《おわり》	僧寺 尼寺	愛知県稲沢市 愛知県稲沢市(推定地)
三河《みかわ》	僧寺 尼寺	愛知県豊川市
遠江《とおとうみ》	僧寺 尼寺	静岡県盤田市
駿河《するが》	僧寺 尼寺	静岡県静岡市 静岡県静岡市(推定地)
伊豆《いず》	僧寺 尼寺	静岡県三島市
甲斐《かい》	僧寺 尼寺	山梨県笛吹市
相模《さがみ》	僧寺 尼寺	神奈川県海老名市
武蔵《むさし》	僧寺 尼寺	東京都国分寺市
安房《あわ》	僧寺 尼寺	千葉県館山市 (不明)
上総《かずさ》	僧寺 尼寺	千葉県市原市
下総《しもうさ》	僧寺 尼寺	千葉県市川市
常陸《ひたち》	僧寺 尼寺	茨城県石岡市

北陸道

若狭《わかさ》	僧寺 尼寺	福井県小浜市 (不明)
越前《えちぜん》	僧寺 尼寺	福井県越前市 福井県越前市(推定地)
加賀《かが》	僧寺 尼寺	石川県小松市 (不明)
能登《のと》	僧寺 尼寺	石川県七尾市 (不明)
越中《えっちゅう》	僧寺 尼寺	富山県高岡市 (不明)
越後《えちご》	僧寺 尼寺	新潟県上越市 (不明)
佐渡《さど》	僧寺 尼寺	新潟県佐渡市 (不明)

山陰道

丹波《たんば》	僧寺 尼寺	京都府亀岡市
丹後《たんご》	僧寺 尼寺	京都府宮津市 京都府宮津市(推定地)
但馬《たじま》	僧寺 尼寺	兵庫県豊岡市
因幡《いなば》	僧寺 尼寺	鳥取県鳥取市
伯耆《ほうき》	僧寺 尼寺	鳥取県倉吉市
出雲《いずも》	僧寺 尼寺	島根県松江市
石見《いわみ》	僧寺 尼寺	島根県浜田市
隠岐《おき》	僧寺 尼寺	島根県隠岐郡隠岐の島町

山陽道

播磨《はりま》	僧寺 尼寺	兵庫県姫路市
美作《みまさか》	僧寺 尼寺	岡山県津山市
備前《びぜん》	僧寺 尼寺	岡山県赤磐市
備中《びっちゅう》	僧寺 尼寺	岡山県総社市
備後《びんご》	僧寺 尼寺	広島市福山市
安芸《あき》	僧寺 尼寺	広島県東広島市
周防《すおう》	僧寺 尼寺	山口県防府市 山口県防府市(推定地)
長門《ながと》	僧寺 尼寺	山口県下関市

畿　内

大和《やまと》	僧寺 尼寺	奈良県奈良市
山背《やましろ》	僧寺 尼寺	京都府木津川市
河内《かわち》	僧寺 尼寺	大阪府柏原市
和泉《いずみ》	僧寺 尼寺	大阪府和泉市 (不明)
摂津《せっつ》	僧寺 尼寺	大阪府大阪市

南海道

紀伊《きい》	僧寺 尼寺	和歌山県紀の川市 和歌山県岩出市(推定地)
淡路《あわじ》	僧寺 尼寺	兵庫県南あわじ市 兵庫県南あわじ市(推定地)
阿波《あわ》	僧寺 尼寺	徳島県徳島市 徳島県名西郡石井町
讃岐《さぬき》	僧寺 尼寺	香川県高松市
伊予《いよ》	僧寺 尼寺	愛媛県今治市 愛媛県今治市(推定地)
土佐《とさ》	僧寺 尼寺	高知県南国市 (不明)

西海道

筑前《ちくぜん》	僧寺 尼寺	福岡県太宰府市 福岡県太宰府市(推定地)
筑後《ちくご》	僧寺 尼寺	福岡県久留米市 福岡県久留米市(推定地)
豊前《ぶぜん》	僧寺 尼寺	福岡県京都郡みやこ町
豊後《ぶんご》	僧寺 尼寺	大分県大分市 大分県大分市(推定地)
肥前《ひぜん》	僧寺 尼寺	佐賀県佐賀市
肥後《ひご》	僧寺 尼寺	熊本県熊本市
日向《ひゅうが》	僧寺 尼寺	宮崎県西都市
大隅《おおすみ》	僧寺 尼寺	鹿児島県霧島市 鹿児島県霧島市(推定地)
薩摩《さつま》	僧寺 尼寺	鹿児島県薩摩川内市 (不明)
壱岐《いき》	僧寺 尼寺	長崎県壱岐市 (不明)
対馬《つしま》	僧寺 尼寺	長崎県対馬市 (不明)

平城京・藤原京 位置図

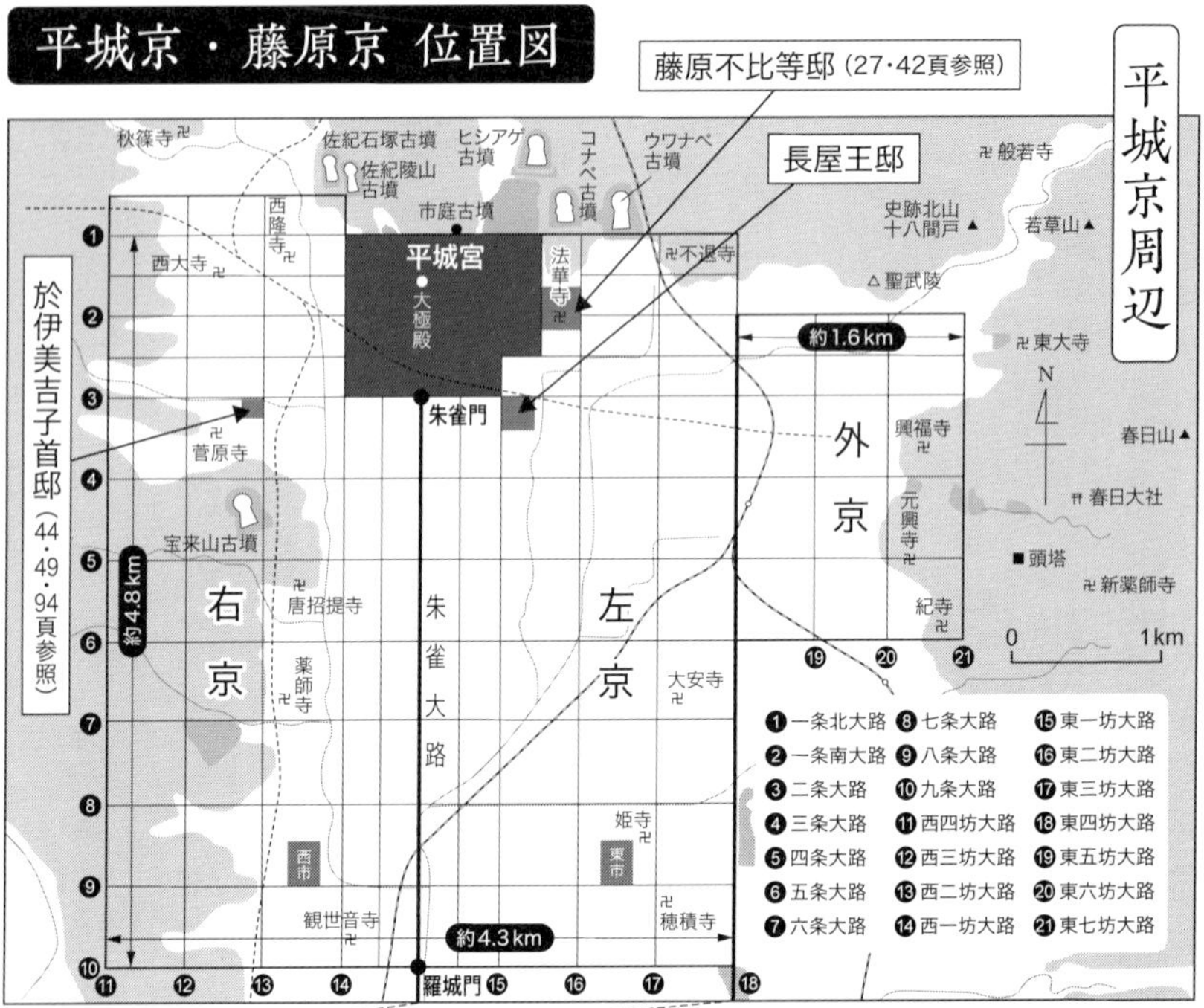

平城京周辺
藤原不比等邸（27・42頁参照）
長屋王邸
於伊美吉子首邸（44・49・94頁参照）
秋篠寺
佐紀石塚古墳
佐紀陵山古墳
ヒシアゲ古墳
コナベ古墳
ウワナベ古墳
市庭古墳
般若寺
史跡北山十八間戸
若草山
西隆寺
西大寺
平城宮
大極殿
法華寺
不退寺
聖武陵
約1.6km
東大寺
朱雀門
菅原寺
外京
興福寺
元興寺
春日山
春日大社
宝来山古墳
頭塔
新薬師寺
唐招提寺
右京
朱雀大路
左京
紀寺
約4.8km
薬師寺
大安寺
姫寺
西市
東市
観世音寺
穂積寺
約4.3km
羅城門
N
0
1km
1 一条北大路
2 一条南大路
3 二条大路
4 三条大路
5 四条大路
6 五条大路
7 六条大路
8 七条大路
9 八条大路
10 九条大路
11 西四坊大路
12 西三坊大路
13 西二坊大路
14 西一坊大路
15 東一坊大路
16 東二坊大路
17 東三坊大路
18 東四坊大路
19 東五坊大路
20 東六坊大路
21 東七坊大路

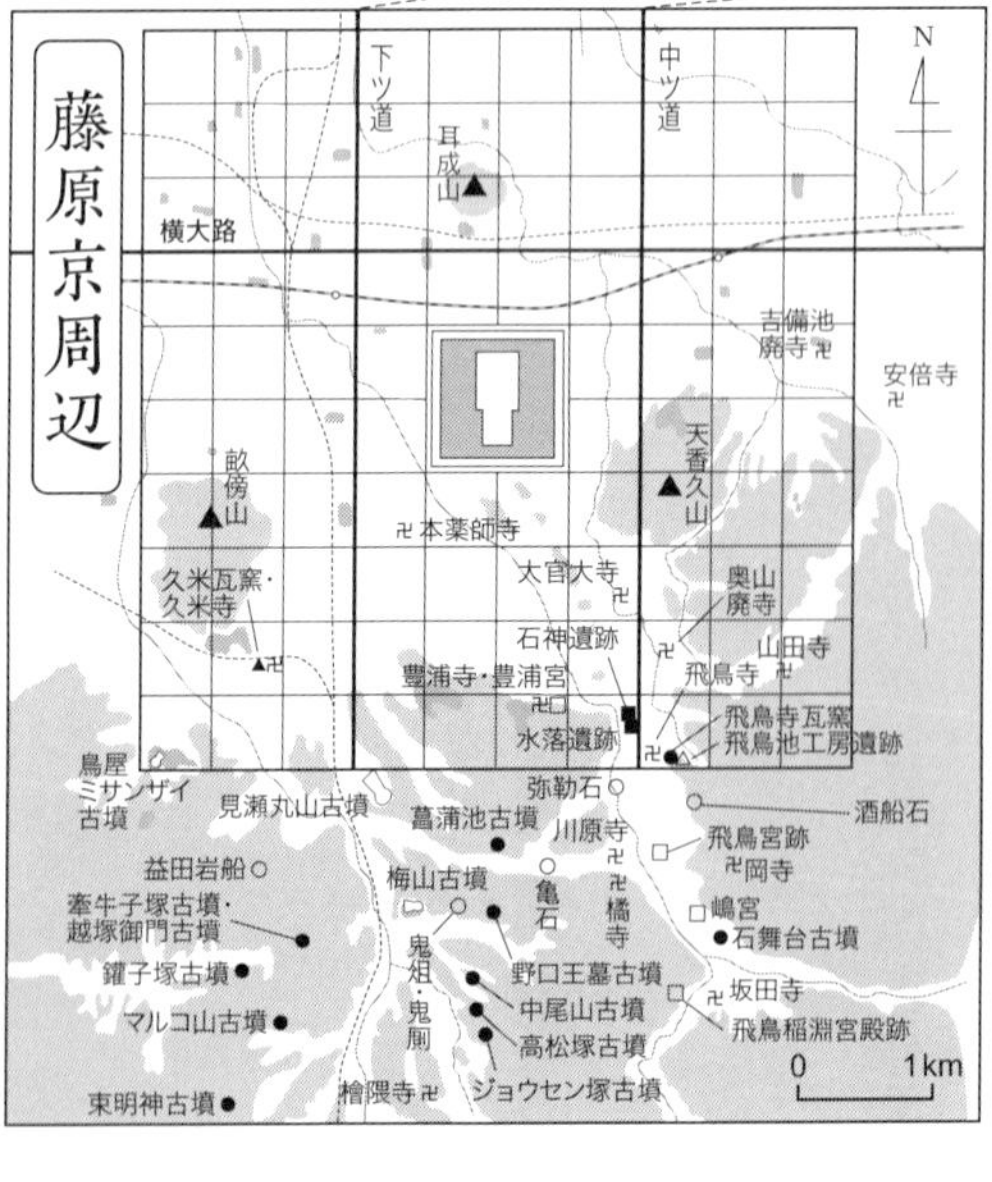

藤原京周辺
下ツ道
中ツ道
N
耳成山
横大路
吉備池廃寺
安倍寺
畝傍山
天香久山
本薬師寺
久米瓦窯・久米寺
大官大寺
奥山廃寺
石神遺跡
山田寺
豊浦寺・豊浦宮
飛鳥寺
飛鳥寺瓦窯
水落遺跡
飛鳥池工房遺跡
鳥屋ミサンザイ古墳
見瀬丸山古墳
弥勒石
菖蒲池古墳
酒船石
川原寺
飛鳥宮跡
益田岩船
梅山古墳
亀石
橘寺
岡寺
牽牛子塚古墳・越塚御門古墳
鬼俎・鬼厠
嶋宮
石舞台古墳
鐙子塚古墳
野口王墓古墳
坂田寺
中尾山古墳
マルコ山古墳
飛鳥稲淵宮殿跡
高松塚古墳
檜隈寺
ジョウセン塚古墳
束明神古墳
0
1km

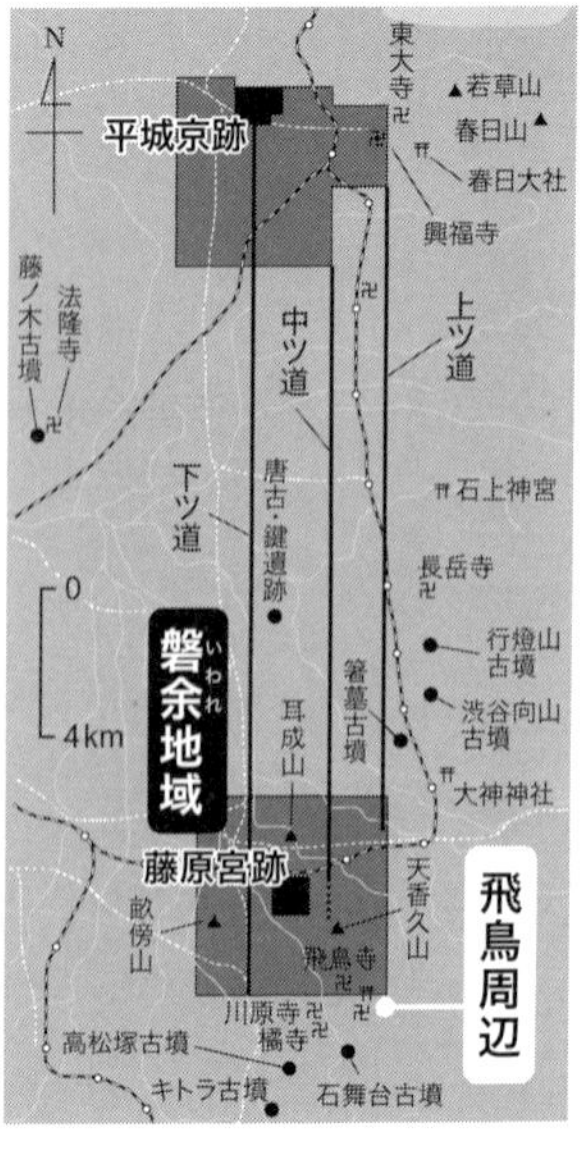

N
平城京跡
東大寺
若草山
春日山
春日大社
興福寺
法隆寺
藤ノ木古墳
中ツ道
上ツ道
下ツ道
唐古・鍵遺跡
石上神宮
長岳寺
0
4km
磐余《いわれ》地域
行燈山古墳
渋谷向山古墳
箸墓古墳
耳成山
大神神社
藤原宮跡
天香久山
畝傍山
飛鳥寺
川原寺
橘寺
飛鳥周辺
高松塚古墳
キトラ古墳
石舞台古墳

下野市城周辺関係遺跡地図

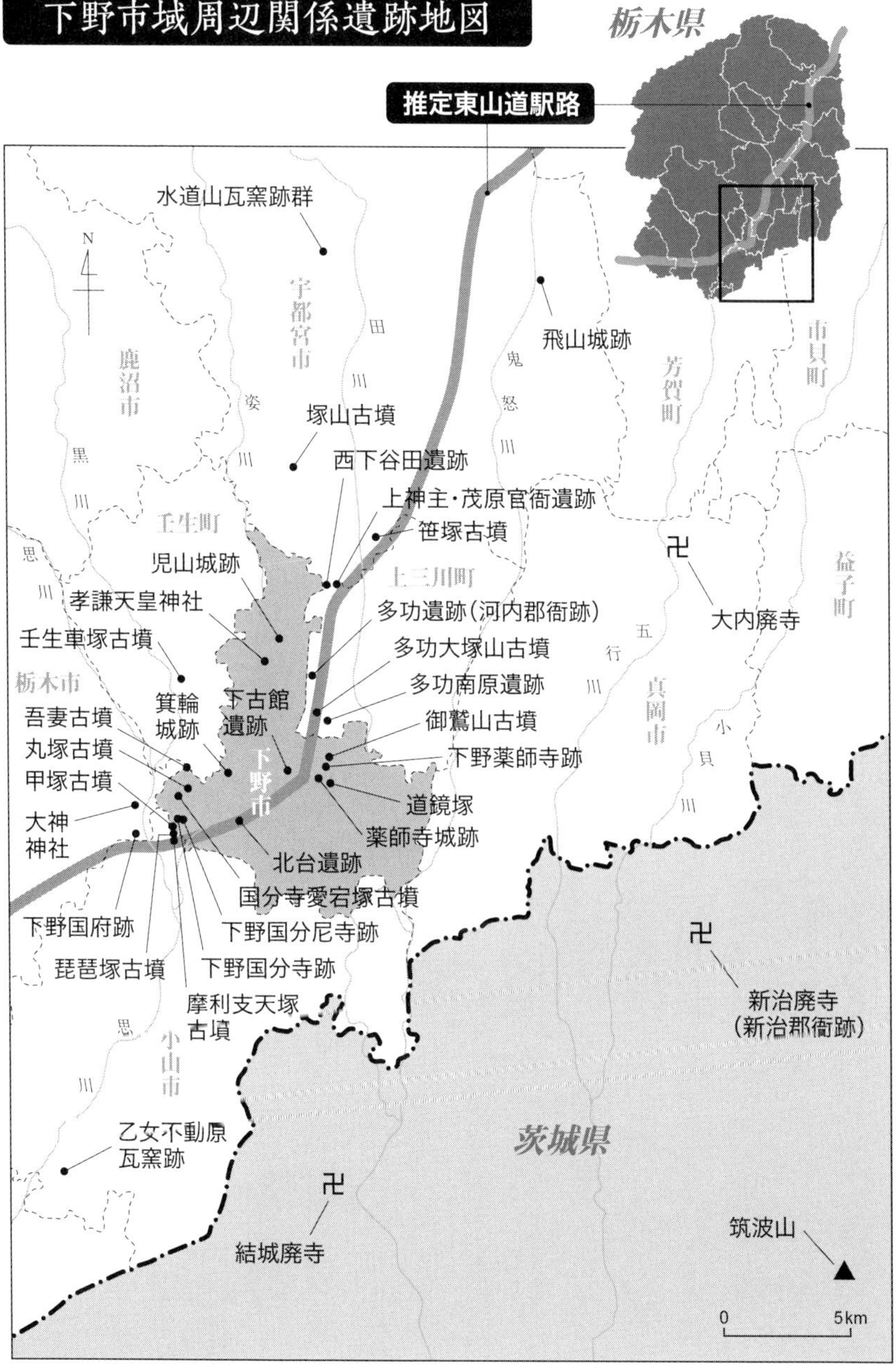

奈良時代の天皇家と藤原氏系図・都の変遷

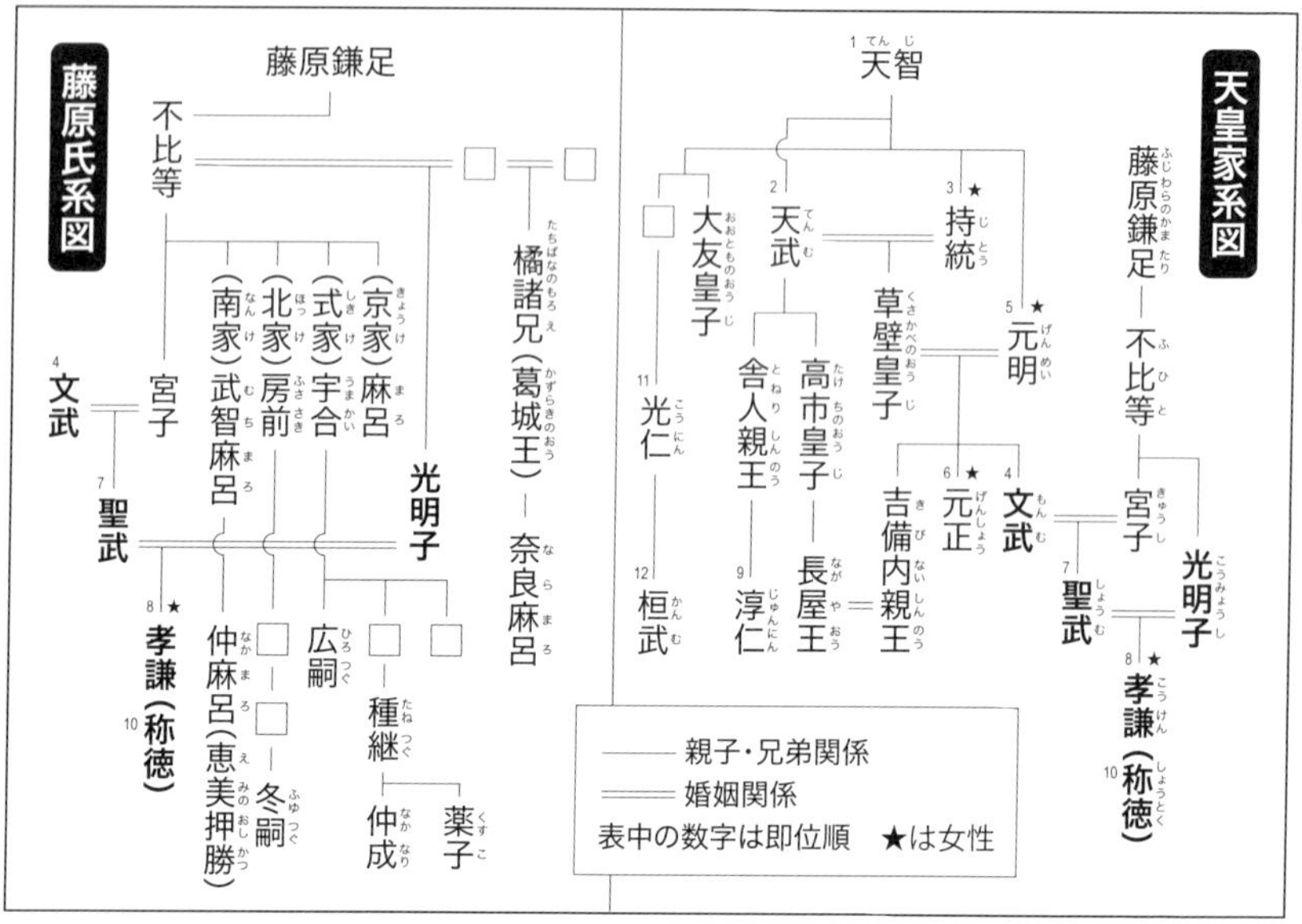

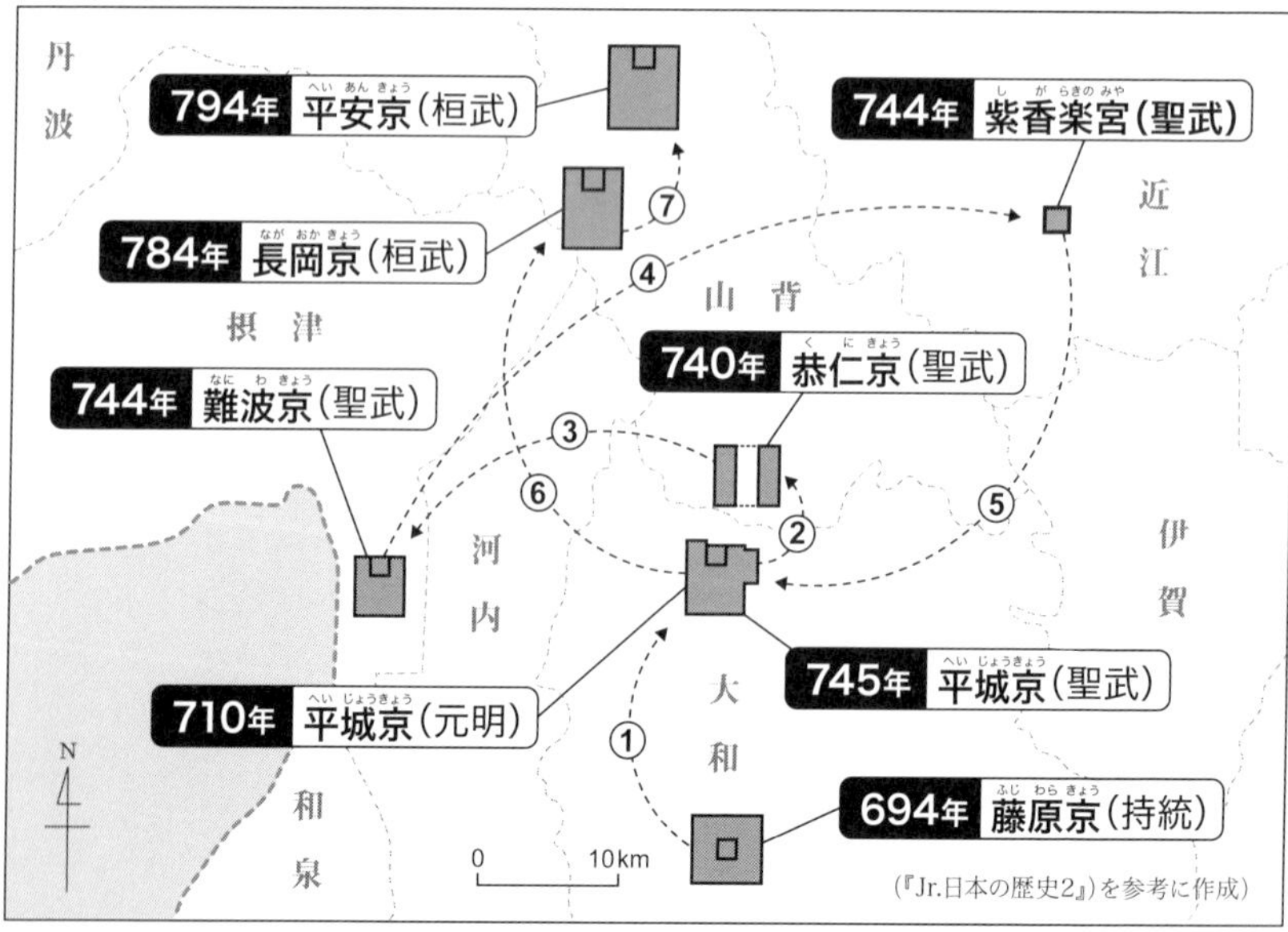

(『Jr.日本の歴史2』)を参考に作成)

律令官制と職掌

中央官制

二官

神祇官 官中の神祇祭祀と全国の神社を統轄

太政官 国政を統轄

[議政官]
- **太政大臣**
- **左右大臣**
- **大納言**

[令外官]
- **中納言**
- **参議**

少納言 ― **外記**
詔・奏の検討、駅鈴・伝符・内印・外印

左右弁官
諸司・諸国からの文書の受付、命令伝達

八省

中務省 天皇・後宮に関わる事務、内廷の仲介
- 中宮職　大舎人寮　図書寮　内蔵寮　縫殿寮　陰陽寮　画工司　内薬司　内礼司
- 内記　詔勅の起草
- 監物　庫蔵の出納
- 主鈴　内印・駅鈴・伝符
- 典鎰　庫蔵の鍵

式部省 文官の勤務評定・人事、朝廷儀礼
- 大学寮　散位寮

治部省 各氏族の系譜・相続・婚姻など官人の身分に関わる事務
- 雅楽寮　玄蕃寮　諸陵司　喪儀司

民部省 民衆・土地・租税など民政全般
- 主計寮　主税寮

兵部省 諸国軍団・兵士・兵器・軍事施設、武官の勤務評定・人事
- 兵馬司　造兵司　鼓吹司　主船司　主鷹司

刑部省 刑事裁判・良賤判別などに関わる司法行政全般
- 贓贖司　囚獄司

大蔵省 諸国貢献物の保管、朝廷行事の用度統轄、度量衡・物価の統制
- 典鋳司　掃部司　漆部司　縫部司　織部司

宮内省 内廷の庶務機関
- 大膳職　木工寮　大炊寮　主殿寮　典薬寮　正親司　内膳司　造酒司　鍛冶司　官奴司　園池司　土工司　采女司　主水司　主油司　内掃部司　筥陶司　内染司

その他

弾正台 大内裏と京内の綱紀粛正

衛門府 宮城門・宮門の警備 ― **隼人司** 朝廷に奉仕する隼人の管理

左右衛士府 衛士の管理、宮門・宮城門宮内諸官衙の警備

左右兵衛府 兵衛〈天皇の親衛隊〉の管理、閤門〈内門〉の警備、天皇の身辺護衛・行幸供奉

左右馬寮 官馬の調教・飼養

左右兵庫 儀式・実用の武器管理

内兵庫 供御用の武器管理

地方官制

京官

左右京職 京内の行政・警察機構 ― **東西市司** 市の管理・運営

摂津職 難波宮・難波津・難波市の管理、摂津国の国司を兼務

大宰府 西海道諸国を管轄、防人・軍事施設の統轄、外交交渉 ― **防人司**

諸国・嶋 ― **郡司** / **軍団**

官位相当表

※式部省・治部省・民部省・兵部省・刑部省・大蔵省・宮内省

官司／位階		官		省		職・坊		寮		司				弾正台	附		大宰府	国			
		神祇官	太政官	中務省	他の七省	中宮職・春宮坊	摂津職・京職・大膳職	大寮	小寮	大司	中司	小司	下司		衛門・衛士	兵衛		大国	上国	中国	下国
正一位・従一位			太政大臣																		
正二位・従二位			左大臣 右大臣																		
正三位			大納言																		
従三位																	帥				
正四位	上			卿		皇太子傅															
	下				卿																
従四位	上		大弁											尹							
	下	伯				大夫															
正五位	上		中弁	大輔			大夫								督		大弐				
	下		少弁		大輔									弼							
従五位	上			少輔				頭								督		守			
	下	大副	少納言	侍従	少輔	亮 皇太子学士	亮		頭						佐		少弐		守		
正六位	上	少副	大史	大内記						正 奉膳				大忠							
	下			大丞	大丞			助 大学博士			正			少忠		佐	大監	介		守	
従六位	上	大祐		少丞	少丞	大進			助			正					少監		介		
	下	少祐				少進	大進						正		大尉						守
正七位	上		大外記 少史	中内記 大録	大録		少進							大疏	少尉		大典				
	下							大允 助教	医・陰陽・天文博士					巡察		大尉	主神	大掾			
従七位	上		少外記				少允 音・書・算博士		允 陰陽師 暦博士							少尉		少掾	掾		
	下								医師	典膳 佑							博士				
正八位	上			少内記 少録	少録						佑			少疏			少典			掾	
	下	大史				大属						佑			大志						
従八位	上	少史				少属	少属	大属							少志	大志		大目			
	下							少属	大属							少志		少目	目		
大初位	上								少属	令史											
	下										令史									目	
少初位	上											令史									目
	下												令史								

下毛野朝臣古麻呂の最終官位（→正四位下）

（『若い人に語る奈良時代の歴史』を参考に作成）

税の流れと役所の仕事

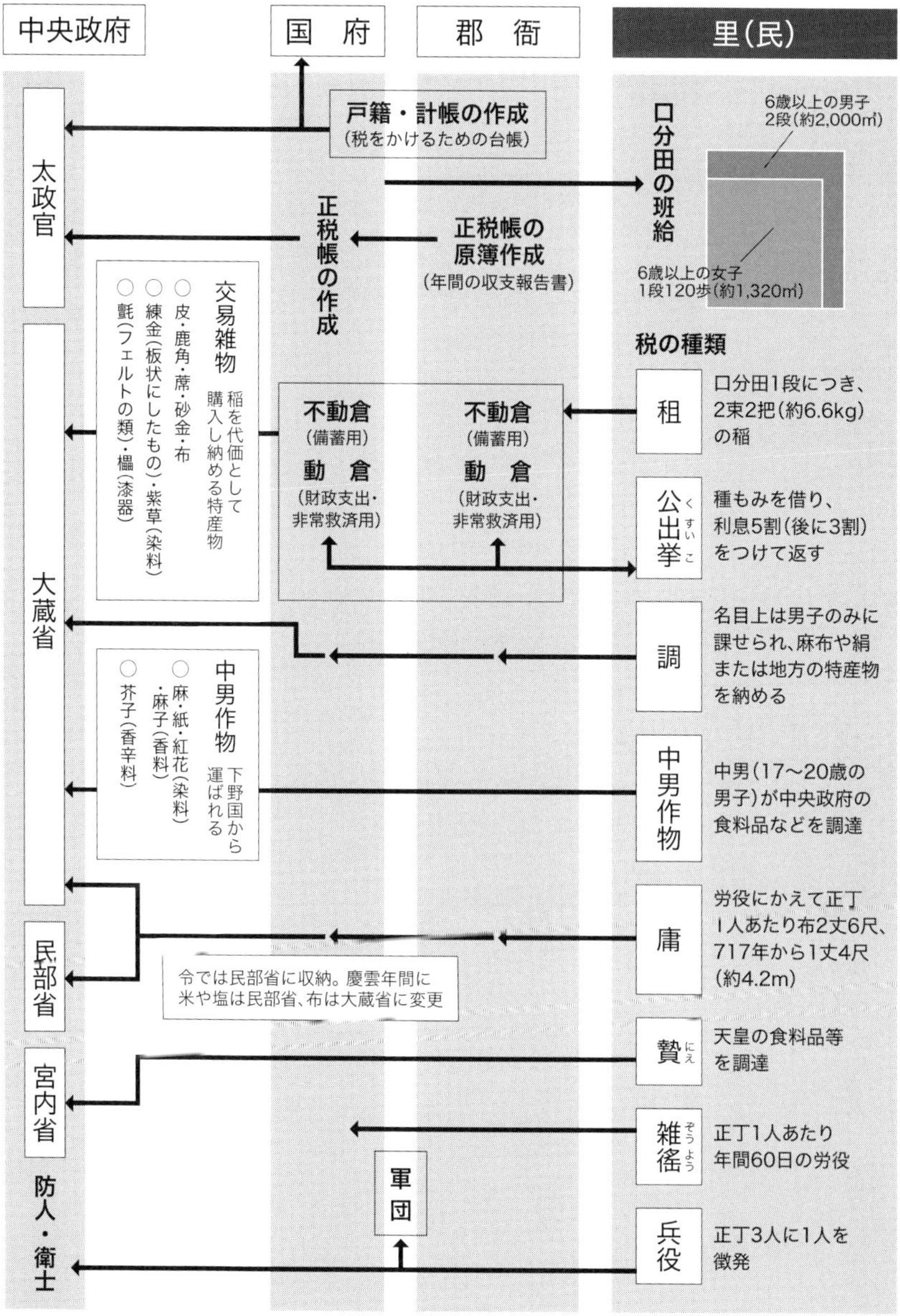

（『那須の歴史と文化』を参考に作成）

装幀・組版・地図制作　塚原英雄

第1章 下野市のルーツ

THE EAST OF ASUKA

名前の由来

―なぜ「しもつけ」？―

平成一八（二〇〇六）年一月一〇日、新生下野市が誕生しました。合併から二〇年の月日が過ぎましたが、今でも時折、遠方の方からのお問い合わせで「しものし・したやし」などと読み違いされることがあります。

では、なぜ下野市なのか、ここでもう一度考えてみましょう。読者の皆さんは既にご存知でしょうが、合併が決まった当初から漢字・ひらがな表記のいずれかは別にして候補の一つとして「しもつけ」の名が上がっていました。現在、新市の名前の由来として、「当市には、下野薬師寺・下野国分寺・尼寺跡の三つの国指定史跡があり、古代から下野国の政治・文化の中心地であった」と記されています。

上と下

「下野国＝栃木県・上野国＝群馬県」ということは、多くの方がご存知かもしれません。では、どのように上と下が決まったのか？　当時の政治の中心地や都（藤原京・平城京）に近いところが「上」、遠い方が「下」とされました。「上総《かずさ》」や「下総《しもうさ》」も同様です。ちなみに「越前」・「越中」・「越後」、「備前」・「備中」・「備後」などの「前・中・後」は上・下同様、都に近い方から前・中・後となります。「上野」「下野」の両国が、上下に分割される前の地名は「毛野《けぬ》国」でした。ですから、「下野国」となる前は「下毛野国」と表記した時代があり、同様に「上野国」も「上毛野国」と表記しました。それを示すように藤原京からは、大宝《たいほう》三（七〇三）年のものと推定される「下毛野国足利郡波自可《はじか》里」（現在の足利市葉鹿町付近か）からアユを送った時の付札《つけふだ》木簡が出土しています。

　最近の研究で、毛野国の範囲は、現在の群馬県と栃木県を単純にあわせた範囲だけでなく、北武蔵地域（埼玉県北部）を含む毛野地域圏が想定されています。また、古代から毛野国の東端と常陸国西端の国境を流れている「鬼怒川」は、「毛野（川・河）」、衣・絹（川・河）」などとも記されました。国が上下に分割された時期については、諸説があります。

「下毛野国足利郡波自可里鮎大贄一古参年十月廿二日」

木簡「下毛野国足利郡波自可里」（所蔵・写真提供：奈良文化財研究所）

下毛野から下野へ

あまり知られていませんが、下毛野から下野への国名の変化は、『続日本紀《しょくにほんぎ》』和銅《わどう》六（七一三）年に各国へ向けて発せられた『風土記』編さんの指示と深く関係します。各国に提出が義務付けられた『風土記』は、「その地域の生産力、特産物、地形、風土、気候、伝説や言い伝えなど様々な項目を記して提出すべし」という内容でした。その記録提出の際、「国や郡・郷の名前はよい字二文字にせよ」との命が出されたことから、「毛」が削除され「下野」、「上毛野」が「上野」とされました。元来、「毛野」の名称は、あまり良いイメージで使われた名称ではないと考えられます。古墳時代後期のヤマト王権が地方を統治する際に抵抗した地方勢力を蔑視し、使用した用語という説もあります。東北地方の蝦夷や九州の熊襲・隼人なども同様の名称と考えられます。

　良き名称に変更した他の例では「三野《みの》国を美濃《みの》国」、「山《やま》背《しろ》国を山城《やましろ》国」などがあります。この後、名前の付け替え

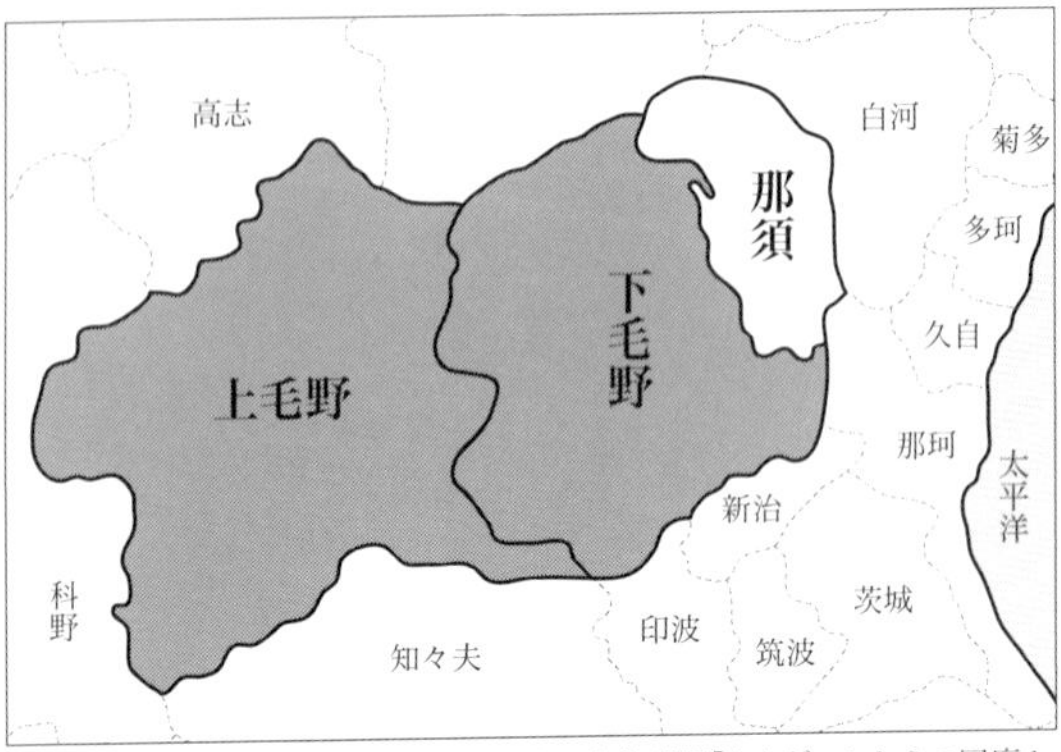

下毛野と上毛野（栃木県教育委員会事務局文化財課「とちぎいにしえの回廊1・しもつけの夜明け」パンフレットを一部変更）

や国の分割統合があり、最終的に国の数は六十六国、二島となり、「日本」という「国」の範囲がおおよそ決まりました。天平一三（七四一）年に全国に向けて国分寺建立の詔《ひことのり》が発せられます。国分寺の設置は追加もあったでしょうが、この六十六国と二島の情報が国分寺・尼寺の全国展開の基礎資料となったと考えられます。

ちなみに「那須国造碑《なすのくにのみやつこのひ》」のある大田原市湯津上地区や那珂川町周辺は、毛野国ではなく「那須国」の範囲で、後にこの那須国も含めて新たな「下野国」が成立します。

倭から日本へ

では、「日本」（にほん・にっぽん）という国名が決まったのはいつだったのでしょうか？現在の研究では、持統三（六八九）年から大宝元（七〇一）年の頃と考えられています。七〇二年に遣唐使《けんとうし》の粟田朝臣真人《あわたのあそんまひと》が皇帝の則天武后《そくてんぶこう》に「日本」の使いであると述べた記録があります。

真人はこの時、唐の皇帝から日本にもこのように優秀な人物がいるのかと褒《ほ》められるほど優れた人物だったようです。

藤原不比等を筆頭として、粟田朝臣真人や下毛野朝臣古麻呂《しもつけのあそんこまろ》が中心となり、さらに渡来系の氏族出身者も含め総勢一九人により「大宝律令《たいほうりつりょう》」の編さんがおこなわれました。本書で扱う記述は、古麻呂が活躍した飛鳥時代や後の奈良時代が中心となります。

下毛野朝臣古麻呂とは誰か？

下毛野氏とは

大正一〇（一九二一）年三月三日、足利学校跡と下野国分寺跡とともに栃木県で初の国指定史跡となった下野薬師寺の創建は、その姓《かばね》※が示すように下毛野氏によるものと考えられています。一族の中で下毛野朝臣古麻呂は特に著名な人物です。では、古麻呂を輩出した下毛野氏とはどのような氏族で、古麻呂とはどのような人物だったのでしょうか。

これは推定ですが、下毛野氏の本貫地は、東は鬼怒川流域、西は三毳山《みかもやま》周辺、北は現在の上河内地区、南は茨城県結城市周辺までのおよそ旧河内郡域から都賀郡域を中心とした地域と考えられます（一一頁地図参照）。『日本書記』には、第一〇代崇神天皇の皇子豊城入彦命《とよきいりひこのみこと》が東国統治を命じられたと記されており、その豊城入彦命が、「上毛野君・下毛野君」の祖であると記されています。平安時代初期の弘仁六（八一五）年に編さんされた『新撰姓氏録』には、現在の群馬県を中心に統治した上毛野朝臣や車持朝臣などとともに下毛野朝臣も「東国六腹朝臣」と総称される六氏族に位置づけられています。また、『先代旧事本紀《せんだいくじほんぎ》』「国造本紀」には、仁徳天皇の時代に豊城入彦命四世孫の奈良別《ならわけ》が初めて下毛野国造に任じられたという記述もあります。この記事は伝承のようなことをまとめたものなので史実かどうかはわかりません。いずれにしても「下毛野」を名乗っていることから下毛野国の国造《こくぞう》（地方長官）に任じられていたと考えられています。

君から朝臣へ

大化（六四五年）以前に有力な地方豪族として認められ「君《きみ》」の姓を受けた下毛野氏は、天武天皇十三（六八四）年、中央の豪族とならぶ「朝臣《あそん》」の姓を賜っていることから、すでに中央と強い結びつきがあったと想定されます。この当時、いくら地方で有力であっても地方の豪族が中央で官人（武官でなく文官）として任用されることは異例だったと考えられます。

御間城姫命《みまきひめのみこと》 — 活目入彦五十狭芽尊《いきめいりひこいさちのみこと》（第十一代垂仁《すいにん》天皇）
御間城入彦五十瓊殖尊《みまきいりひこいにえのみこと》（第十代崇神《すじん》天皇）
遠津年魚眼眼妙姫命《とおつあゆめのまぐわしひめのみこと》 — 豊城入彦命《とよきいりひこのみこと》 — 下毛野氏／上毛野氏

豊城入彦尊系図（『ビジュアル版 下野薬師寺』掲載図をもとに作成）

持統天皇三（六八九）年に下毛野朝臣古麻呂の名前が文献にはじめて登場します

が、彼は栃木県の歴史上実在の人物として初めて文献に名前が残された人物です。

古麻呂が残したもっとも大きな業績は、大宝元（七〇一）年に制定された大宝律令の編さんに深くかかわったことです。文武天皇四（七〇〇）年六月、天皇から律令の編さん者として、刑部《おさかべ》親王、藤原不比等をはじめ、粟田朝臣真人・下毛野朝臣古麻呂ら一九人が任命されました。七〇一年、本格的な法律の草案が完成し、編さん事業のメインパーソンであった古麻呂は、皇族や上級官人に向け内容を講義しています。また、完成時の記録には、刑部親王・藤原不比等の次（三人目）に古麻呂の名前が記されており、この記載からもかなりの重責を担っていたことがわかります。慶雲《けいうん》二（七〇五）年には兵部卿《ひょうぶきょう》（兵部省長官）に任命され、同四年には文武天皇の薨去により造山陵司《さんりょうし》（陵墓造営担当官）に、和銅元（七〇八）年には式部卿《しきぶ》（式部省長官）に就任しています。式部卿は中央省庁、地方官人（国司・郡司など）を含む数千人すべての人事権を掌握する権限を持ちます。

和銅二（七〇九）年十二月二十日、古麻呂が亡くなった日の記事には「式部卿大将軍正四位下」と記されています。この記事が示すように彼の業績は、律令の制定に功績があり、軍事・兵事に関する知識も兼ね備え（兵部卿）、朝廷内の人事を掌握し、儀式・式典の知識も豊富で（式部卿）、土木技術の知識に明るく、工事・事業を遂行する能力（造山陵司）を兼ね備えた逸材であったことがわかります。また、「大将軍」とあるのは、古麻呂の出身地である下野の地が対東北政策上極めて重要な位置にあり、彼が武官の長としても軍団の統括能力に長けていたことを明示しています。

下毛野の地とは

本市周辺の古墳時代後期～終末期の遺跡からは、時折「渡来系・半島系」の遺物が出土します。これまでの出土は東国でも屈指の数で、県内でもこれらの多くは本市とその周辺で出土しています。渡来人の存在を裏付けるように『日本書紀』の持統元（六八七）年・同三年・同四年の記事に、「下野国に新羅《しらぎ》※人を移住させた」との記録があります。これらから本市周辺に、古代から多くの渡来系の人々が暮らしていたと考えられます。もしかすると古麻呂の血縁にも渡来系の人がいて、異国の言葉が日常に使われるような環境の中で育ったことで、数カ国語を達者に使いこなしたのかもしれません。大宝律令の原典は唐や韓（現在の朝鮮）半島などのものと考えられ、それらを日本風にアレンジするためには、数カ国語を使いこなす能力が必要だったと考えられます。

下毛野朝臣古麻呂（イメージ写真：『ビジュアル版 下野薬師寺』より）

現代も医療系や技術系の仕事に携わる外国の方が多く居住する本市ですが、古代から国際色豊かな土地柄だったようです。

飛鳥と明日香

都の新設とその時代

飛ぶ鳥の明日香の里を置きて去なば君があたりは見えずかもあらむ
一に云ふ、君があたりを見ずてかもあらむ（『万葉集』巻第一・七八）
訳：（飛ぶ鳥の）明日香の里を残し置いていったら、あなたのいらっしゃるあのあたりは見えなくなってしまうのでしょうか。

『万葉集』に収められているこの歌は、和銅三（七〇八）年春二月に藤原京から平城京に都を移す際、藤原京と平城京の中間付近の長屋原（現在の天理市付近か）の地で、慣れ親しんだ都を振り返って元明天皇が詠んだ歌です。この新都平城京の建設は七〇一年の大宝律令の制定、律令体制の確立、それに伴う官僚制度の拡充とも連動すると考えられます。しかし、この事業の最大の目的は当時、日本という新しい国がアジアの新秩序とされる唐（周）・渤海・新羅に対抗するため、東アジアの中心に位置付けられ、かつ最新の都市であった長安城の模倣さえも可能であると国家の威信を明示するための装置であったとも考えられます。

　この都の新設には、時の政府で最重要ポストに身を置いていた藤原不比等の強い関与があったと考えられます。当時、不比等の側近として活躍していた下毛野朝臣古麻呂も当然のことながら、このプロジェクトに関与していたと考えられます。では、不比等や古麻呂が活躍した七世紀とは、どのような時代なのでしょう？　用明二（五八七）年四月九日に用明《ようめい》天皇が崩御すると、蘇我大臣馬子は六月に穴穂部皇子と宅部皇子を殺害します（奈良県斑鳩町の藤ノ木古墳の被葬者をこの二名の皇子とする説もあります）。七月に馬子は、諸皇子や群臣と共に物部大連守屋《もののべおおむらじもりや》を攻め滅ぼします。この時の皇子らには泊瀬部皇子《はつせべみこ》（後の崇峻天皇）や竹田皇子（敏達《びだつ》天皇の皇子、母は後の推古天皇）、厩戸《うまやど》皇子（聖徳太子）がいます。

　この戦いに勝利した厩戸皇子は摂津（大阪）に四天王寺を、馬子は飛鳥の地に法興寺《ほうこうじ》（飛鳥寺）を建立したと伝えられています（四天王寺は出土瓦から法隆寺若草伽藍とほぼ同時期の七世紀初頭の創建と考えられており、伝記とは一致しません）。守屋を滅亡させ、それ以前にも大伴大連金村を失脚に追い込んだ馬子は、政治・軍事の全権力を手中にします。以後、教科書などで習う、馬子～蝦夷～入鹿の蘇我氏三代にわたる政治主導が六四五年の乙巳《いっし》の変《へん》まで続きます。

物部守屋も蘇我氏も現在の大阪府南河内周辺を領有していましたが、守屋を滅ぼしたことにより蘇我氏がこの南河内とともに中河内もすべて掌握します。この南河内地域と奈良盆地の東南部の磐余《いわれ》地域（奈良県桜井市西南部〜橿原市南東部）から天香久山周辺の地には、六世紀代になると政治の中心として王宮が置かれました。この磐余の地は水陸交通の要衝で、北は（京都府）宇治・山科方面、東は（三重県）伊賀・伊勢方面、西は（大阪府）河内や住吉津や難波津（港）、南西は紀州・紀ノ川河口（和歌山方面）へと続く利便性の高い土地でした。この地の南半は、後に藤原京の一部として利用されます。飛鳥はこの磐余の更に南に位置し、三方が山や丘陵に囲まれ決して利便性の高い地域ではないのですが、逆に山や丘陵があることから防衛拠点として都を配置するには適していた地域だったとする説もあります（三一頁図参照）。

五九二年一一月、馬子は崇峻《すしゅん》天皇を殺害します。翌一二月には、蘇我稲目《いなめ》の娘と欽明《きんめい》天皇の間に生まれた推古天皇が最初の女性天皇として飛鳥豊浦宮《とゆらのみや》で即位します。この推古天皇の即位から皇極《こうぎょく》四（六四五）年（乙巳の変）までを飛鳥時代前期と区分する研究もあります。

内乱の中で権力を手にした蘇我一族は、防衛拠点として優れた飛鳥の地（飛鳥川周辺）に本宗家や一族の屋敷を配します。飛鳥の地は蘇我氏が利用する前から渡来系氏族である倭漢氏《やまとのあやうじ》が入植し、用水や灌漑施設などの開発を行っていました。六世紀後半から末頃に倭漢氏と結びつきが深かった蘇我氏が、守りやすく開発の進んでいたこの地を拠点としました。有名な「石舞台古墳」

は蘇我馬子の「桃原の墓」と推定されており、その北には蘇我一族の氏寺である「飛鳥寺」が建立され、蝦夷や入鹿の家は甘樫丘《あまかしのおか》付近にあったと想定されています。

六〇〇年頃には、蘇我氏三代の専横が目立つようになり、蘇我一族の血筋である推古天皇や厩戸皇子も大臣の馬子と対立するようになります。蘇我氏優勢の中、推古一三（六〇五）年、厩戸皇子を中心とする上宮王家は飛鳥の地を離れて斑鳩に斑鳩宮《いかるが》を造営します。後に斑鳩には、現存する最古の寺院である法隆寺が建立されます。政治・文化の中心は飛鳥と斑鳩の地に二極化してしまい、五〇〇年代後半から天武元（六七二）年六月の「壬申の乱」まで、畿内の政権は政争や内乱を繰り返します。

七〇〇年は文武天皇の在位四年目となり、その翌年の大宝元（七〇一）年に大宝律令が制定されました。この頃、国名・王朝名に使用された「倭」が「日本」に変わったと考えられ、ほぼこの百年間の七世紀が「飛鳥時代」に該当します。

奈良県の飛鳥地方に都があり、ここに政治・文化の中心地があったことから「飛鳥時代」と命名されたわけです。この時代は政変である乙巳の変、外交問題・国策に重大な影を落とした白村江の戦い、国の行く末を決めた壬申の乱などのほか、遣隋使・遣唐使が運んできた新しい情報や文化による大きな変革がありました。もしかすると今の私たちの歴史が変わっていたかもしれない大事件が次々と起きた時代でもありました。

「アスカ」の語源をめぐって

今から約一五〇〇年前の政治・文化の中心地であった飛鳥について、教科書では飛鳥時代と習います。ところで、明日香村のホームページ内「明日香村キッズ」によると、アスカの語源は複数あるようです（本書では主な説のみ紹介）。【外来説1】渡来人が日本に来て安住の宿とした場所を安宿（あすか）とし、半島の言葉でアスカとなった。【外来説2】古代の半島語で村を意味する「スカ」に接頭語「ア」がついてできた。【外来説3】インドで「アスカ」は理想の楽園という意味。【鳥説】古代において鳥は吉兆と尊ばれ、「朱鳥」「白鳳」などの年号に用いられ、「イスカ」という鳥の名前から「アスカ」となった。【地形説】地形を表現する単語、浅い川（アスカ）などの説があるようです。「飛ぶ鳥」と書いて「飛鳥」となったのは、冒頭で記した「飛ぶ鳥の明日香……」として枕詞に使われるようになったからで、『古事記』・『日本書紀』では「飛鳥」が用いられ、『万葉集』では「明日香」が多く用いられています。なお明日香村は、昭和三一年に高市村・阪合村・飛鳥村の三村が合併して生まれた名前です。

「東の飛鳥」の歴史的背景

ところで、本市では文化財活用プロジェクトに「東の飛鳥」という名を提唱しました。これは

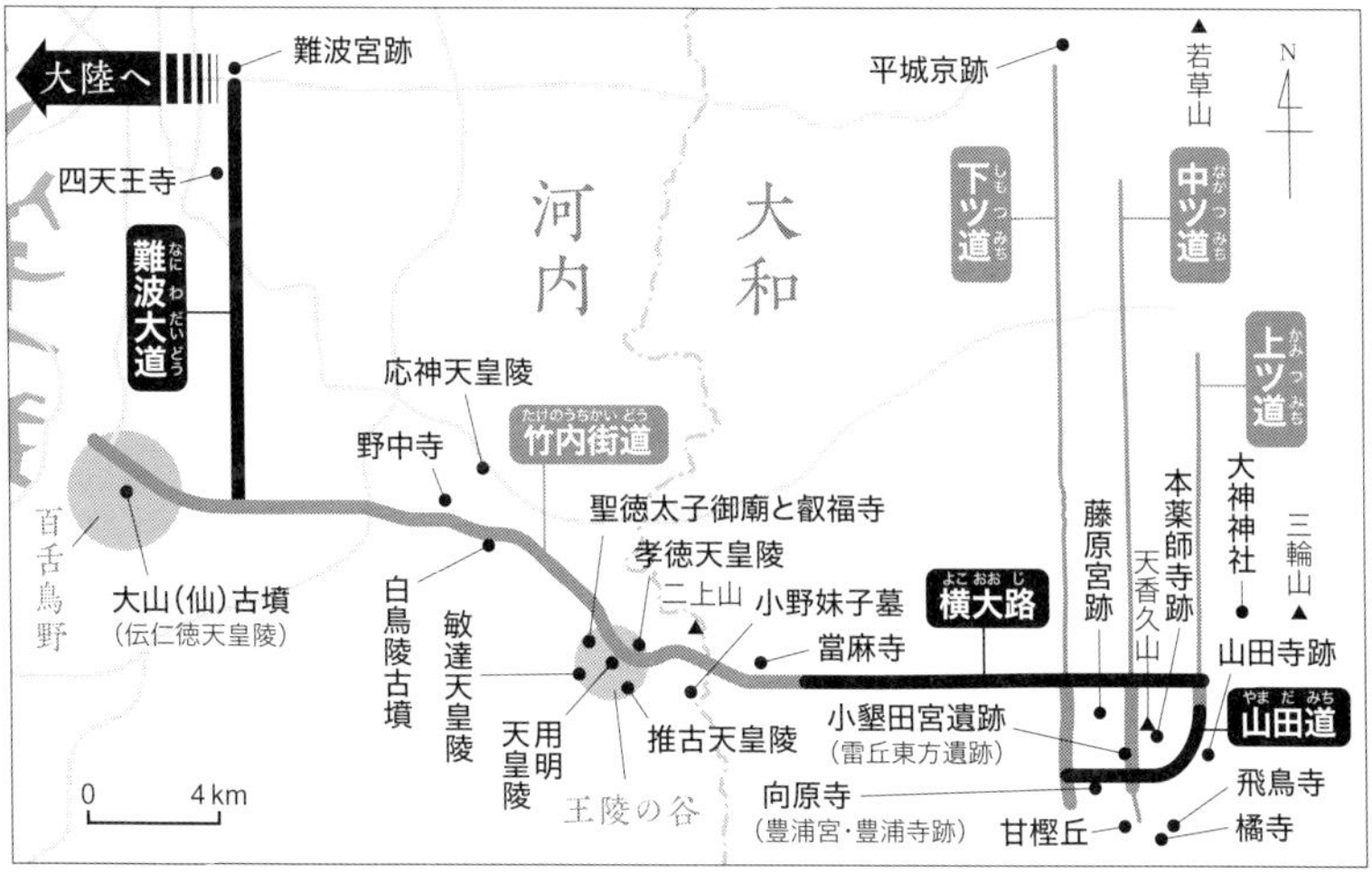

南河内地域(「近つ飛鳥」)と大和地域(「遠つ飛鳥」)を結ぶ大道(『日本遺産 ポータルサイト』掲載データをもとに作成)

次のような歴史的背景があったためです。

『古事記』には、履中《りちゅう》天皇や反正《はんぜい》天皇の時代に都があったとされる難波に近い方、現在の大阪府羽《は》曳野《びきの》市飛鳥を「近つ飛鳥」、遠い大和の明日香村飛鳥を「遠つ飛鳥」と名付けたと記されています。

また、「近つ飛鳥」の地には古代官道が通り、古墳時代後半の群集墳からは渡来人の存在を示す半島系の遺物が出土します。さらに用明・聖徳太子・推古・孝徳天皇などの飛鳥時代の陵墓が多数築造されています。また、飛鳥時代に花開く仏教文化の結集である古代寺院は、渡来系の技術の集大成でもありました。「古墳」・「官道」・「渡来系の品々」・「仏教文化」・「古代寺院」・「律令」などのキーワードを重ね合わせた時代背景から、「東の飛鳥」という名称を提唱しました。

古代下野市域周辺の様相

古代史は、文献史料や木簡などの文字資料が多く残り、発掘調査などが先行している近畿地方《きんきちほう》や西日本を中心として語られることが多く、東国に関する記述は少ないのが現状です。しかし、東国・下毛野《しもつけの》（下野国《しもつけのくに》）にも畿内（近畿地方）と同様に人々の営み（歴史）がありました。本地域は一五〇〇年以上前から既に中央と強い結びつきがあり、現代の私たちの想像をはるかに超えた多くの人・モノ・情報の往来《おうらい》があったと考えられています。

ヤマト王権（朝廷）の政治制度は、中央では王権の成立期以降に、地域首長が支配した各地域へは五世紀頃以降に波及《はきゅう》したことから、中央の信認を得た国造《くにのみやつこ》が新たな地方官として選ばれました。この新たな「国造制《くにのみやつこせい》」に則して、朝廷における役割やその地域力が裁定され、それに応じて国造には臣《おみ》・君《きみ》・公《きみ》・連《むらじ》・直《あたえ》などの姓《かばね》が与えられると共にランク付けがされました。

また、「部民制《べみんせい》」や「屯倉制《みやけせい》」もこの頃に導入《どうにゅう》されました。部民制は百済《くだら》の法制度に倣って導入され、大きく（i）王族や皇子《おうじ》に関する名代《なしろ》・子代《こしろ》、（ii）王権に奉仕《ほうし》する職能集団《しょくのうしゅうだん》、（iii）豪族が所有する部曲《かきべ》、の三種類に位置付けされました。『日本書紀』によれば敏達《びだつ》天皇六（五七七）年に、この名代・子代の中に「壬生部《みぶべ》」が新たに設けられたと記されています。壬生部は「乳部」とも記され中央王権と直接結びついた部民と考えられ、皇子に母乳を与える人達、皇子を守り育てる人達、また、その人たちの収益《しゅうえき》のための土地と人を指す言葉です。全国的にも東国には壬生部が多く設置されました。壬生部は壬生町の起源にも関連があるのでしょうか。

このほか、壬生町と鹿沼市に残る「犬飼《いぬかい》」という地区名の由来として、部民制の犬養部《いぬかいべ》との関係が想定されています。犬養部は、文字が示すように犬のブリーダーであるとともに宮中《きゅうちゅう》の警護をする軍事に秀《ひい》でた集団でもありました。平城宮の東門、平安京の大内裏《だいだいり》の外郭《がいかく》十二門のうちの一つが若犬養門《わかいぬかいもん》と呼ばれ、犬養部が管理していました。ちなみに藤原不比等《ふじわらのふひと》と再婚して光明皇《こうみょうこう》后《ごう》の母となった県犬養三千代《あがたいぬかいみちよ》もこの犬養部に関連する氏族です。

「屯倉《みやけ》制」の屯倉とは、もともと「（敬語のミ）＋（建物・倉庫を指すヤケ）による言葉で、王権が所有する施設を指す言葉で、王権が直轄《ちょっかつ》する拠点《きょてん》・土地を指します。屯倉には「田部《たべ》」と呼ばれる田地を耕作する部民が土地とセットで配置されました。大正時代に『大日本地名辞書《だいにほんちめいじしょ》』を編《へん》さんした吉田東吾《よしだとうご》によると、上三川町の「多功《たこう》」はこの田部・田郷《たごう》（「タゴーリ」）が訛《なま》ってできた地名と考えられています。

この屯倉の収益《しゅうえき》は政治体制へは収納《しゅうのう》されず、その土地とそこに居住する住民（の労働力）すべては王権直轄のための特別枠とされました。

下野地域の開発

大和地方では、六世紀後半に築造されたと想定される五条野丸山古墳（大軽丸山古墳：奈良県橿原市）を最後に大型前方後円墳としての王墓の築造は終了します。墳丘の規模（大きさ）＝権力の大きさとしての見せ方、考え方をやめたようです。これは、六四六年発令の「大化の薄葬令」の影響もあったとも考えられています。この頃を境に、畿内では古墳の規模が小さくなります。例えば、飛鳥地方の高松塚古墳やキトラ古墳のように墳丘は小さくても壁画のある豪華な石室が造られるようになります。これは、朝鮮半島の墳墓文化の影響とも言われています。

では東国はどうだったのでしょう？　中央に比べると東国は約一〇〇年後まで前方後円墳や大型の円墳、方墳を造り続けます。地方豪族にとっては、大型の古墳を築造することが一つのステータスだったのか、それとも中央からの指示を無視していた（あるいは知らなかった）のでしょうか。

六世紀後半から七世紀前半に現在の壬生町周辺に勢力を持ち、東国最大級の円墳《えんぷん》である壬生《みぶ》車《くるま》塚《づか》古墳（壬生町）を築造《ちくぞう》した豪族は、中央との結びつきが示唆される氏族と考えられています。また、現在の上三川町周辺の勢力と王権との直接的な関係はわかりませんが、七世紀初頭《しょとう》（古墳時代終末期）に東国最大級の方墳の多功大塚山《たこうおおつかやま》古墳（五〇メートル級）が築造されます。この古墳のそばに七世紀中葉頃、多功南原《たこうみなみはら》一号墳（三〇メートル級方墳）が築造されます。この古墳とほぼ同時期かその直後には、下野薬師寺跡の西側に下野薬師寺の創建に先行して、掘立柱塀による区画の中に大型の掘立柱建物跡が併存する落内遺跡が出現します。建物の配置などからこれらの遺構は、役所あるいは豪族の居宅のような施設と考えられます。さらにこの施設と併存あるいはその直後と考えられる七世紀第3四半期頃に下野薬師寺が創建されます。下野薬師寺は「下毛野氏」一族に関連のある寺と想定されており、下毛野朝臣古麻呂のほか、下毛野河内朝臣を名乗ることを許された同族もいることからこの寺院は創建から大改修に至るまで下毛野一族との関連が示唆されています（三八頁「コラム（1）」参照）。

律令時代の幕開け

藤原不比等や下毛野朝臣古麻呂らの努力により、大宝元（七〇一）年に大宝律令が制定されました。この頃から畿内に続き東国、西国などの各地においても中央で決定された政策や方針が導入され始め、法的な手続きの開始と共にいわゆる、現代のインフラの整備（公共事業）にも相当する土木・建設関連の事業など、それまでに無かった様々な事業の展開が始まりました。下野国も他地域同様、東山道《とうさんどう》などの道路網整備や郡家《ぐうけ》（郡単位に配置された役所。現在の市役所や町役場的な機能）の修理や増改築、下野国府（国庁）の設置などが律令導入期に行われました。

七〇〇年代初頭頃、下毛野朝臣古麻呂は中央政権の一翼を担うような目覚ましい働きを成し遂げ、残念ながら七〇九年に亡くなります。古麻呂の逝去から一〇～二〇年後の七二〇～三〇年前半頃、東国一の栄達を極めた下毛野氏の氏寺である下野薬師寺に国費が投入され、畿内の諸大寺と肩を並べるような東国随一の規模を誇る官立の大寺院へと大改修が行われました。

新羅土器・陶質土器（西下谷田遺跡出土：小川忠博氏撮影：所蔵・写真提供：栃木県教育委員会）

下野薬師寺の創建直前に所在した落内遺跡から遅れること約四半世紀、下野薬師寺の北約二キロメートルの地点に西下谷田遺跡（宇都宮市・下野市・上三川町）が出現します。この遺跡も落内遺跡と同じく掘立柱塀で区画され、その規模は南北に約一五〇メートル、東西約一〇八メートルにものぼり、塀の南辺中央には八脚門を構え、区画内には例の無い大型の竪穴建物とともに長い掘立柱建物が配置されています。区画内からは新羅産と推定される朝鮮半島系の土器や畿内（近畿地方）産の土器なども出土しました。「寺」の墨書土器や下野薬師寺創建期の瓦が出土することから下野薬師寺との関連も伺えますが、遺跡の性格については多くの議論がなされています。この西下谷田遺跡の東約五〇〇メートルには、河内郡の役所である河内郡衙（家）と想定される上神主《かみこうぬし》・茂原官衙遺跡（宇都宮市・上三川町）があります。郡衙政庁の北側に点在する掘立柱建物の中には、落内遺跡と規模形状を同じくする廂を持つ掘立柱建物跡が確認されています。この建物跡は特徴のある建物で、この二つの遺跡のほかに長者ヶ平官衙遺跡（那須烏山市・さくら市）で確認されていますが、全国的にも例の無い建物跡となります。

この後に思川の西岸に下野国府が設置され、上神主・茂原官衙に続く河内郡衙（家）である多功遺跡が現在のJR石橋駅東（上三川町天神町）に設置されました。この一連の重要施設は都と東北地方の多賀城（宮城県多賀城市）を結ぶ東山道沿線に設置されています。下野薬師寺、下野国分寺・尼寺も同様に沿線に配置されました。このようにわずか五〇～七〇年ほどの期間に古代における大規模公共事業が現在の本市周辺で連綿と行われました。当時は開発による槌音《つちおと》があちこちから聞こえたことでしょう。このような大土木工事は、当時の最先端技術保持者である渡来系の氏族や都から派遣された工人の指揮下で進められました。

当時のこの地域は人口も増え続け、他地域からの移住者による大規模な新興集落が次々とつくられ、著しい発展を遂げました。

東の飛鳥
—コラム（1）—

古麻呂以外にも一族には優秀な人がいた

　下毛野氏の氏寺として下野薬師寺が創建されたとする説の場合、一族の出世頭である古麻呂の関与が考えられます。もう一方で、創建当初から国の関与があった（官寺）とする説もあります。これについては改めて触れたいと思います。古麻呂は下毛野氏を代表する名ですが、一族にはほかにも有能な人材が多数いました。一人は下毛野朝臣石代です。古麻呂が大宝律令の制定で大忙しだった大宝元（七〇一）年七月二一日、左大臣正二位多治比真人嶋が亡くなった際、正五位下路真人大人が五位以上の公卿の代表として弔辞を述べ、石代は百官（五位以下の役人達）代表として弔辞を述べています。この時、石代は従七位と決して階級は高位ではなく、年齢もそれほど上とは考えられません。それは一四年後の霊亀元（七一五）年に従五位を授かっていることから想定もされます。少しさかのぼって、慶雲四（七〇七）年、古麻呂が石代の改姓を願い出て「下毛野川内朝臣」となります。『続日本紀』には三月二二日の記事として、この一行が記されています。何か深い意味があるように感じます。

　養老四（七二〇）年九月二八日、陸奥国から「蝦夷が反乱を起こし按察使正五位上上毛野朝臣広人を殺害」との火急の知らせが都に届きます。翌二九日にはスクランブル発進が命じられます。播磨の按察使正四位下多治比真人県守を持節征夷将軍として、左京亮従五位下下毛野川内朝臣石代を副将軍に任じています。都から出撃する軍勢は補給を重ねながら北上しますが、最終最大の兵站補給地は下野国・常陸国などの北関東でした。

第2章—下野薬師寺・下野国分寺・国分尼寺

THE EAST OF ASUKA

国分寺建立の時代背景

今から一三〇〇年以上前のことです。大宝元（七〇一）年、藤原不比等や下毛野朝臣古麻呂ら一九名のメンバーの尽力により、わが国初の行政法・刑法である大宝律令が制定されました。また、この頃から東アジア・唐・韓半島の諸国に対し、「倭」ではなく「日本」という国名を使うようになったと考えられています。この時期には、それまでの小規模地域連合体の概念から脱却し「国家」としての枠組みの確立、制度設計・運用が始まりました。

この律令という制度設計実現に向けた舞台装置として、七一〇（和銅三）年に、藤原京《ふじわらきょう》から平城京《へいじょうきょう》に遷都が行われました。しかし近年の研究では、急ごしらえの都はこの時、まだできあがっておらず、すべての機能は揃っていなかったようです。

さまざまな不安材料

平城に都を構えた天平期初期頃には、天候不順や天変地異が続きました。天平七・九年には西日本

年　号	できごと
天平12(740)年	国ごとに法華経10部を写し、七重塔を建てさせる
天平13(741)年	故太政大臣藤原不比等の封戸5000戸を返上し、そのうち3000戸を諸国国分寺の丈六仏を造る費用に充てる 聖武天皇による国分寺建立の詔
天平14(742)年	諸国に国分寺の僧尼を選び定めさせる
天平15(743)年	大仏造立の詔を発する
天平16(744)年	諸国で毎年稲四万束を貸出し、利息の稲を国分尼寺建立費用に充てさせる 国司と共に国師も国分寺造営に参画させる
天平17(747)年	国分寺の用地を定め、造営に努めさせる また、実力のある郡司に建設を担当させる
天平勝宝元(749)年	この頃、国分寺の建設の資材や費用を献納した氏族に位が与えられる 国分寺造営の本格化
天平勝宝4(752)年	東大寺の大仏開眼
天平勝宝6(754)年	唐僧鑑真和上来朝
天平勝宝8(756)年	聖武太上天皇没　6月　聖武太上天皇の一周忌までに必ず国分寺の丈六仏を造り終え、その後引き続き金堂・塔を造るよう命じる
天平宝字3(759)年	光明皇后没

国分寺関係年表（「国指定史跡下野国分寺跡」パンフレットをもとに一部改変）

を中心に天然痘《てんねんとう》や飢饉《ききん》が猛威《もうい》を振るい、また、東北地方の蝦夷《えみし》に不穏な動きがあり、さらに国外では韓半島の新羅《しらぎ》との関係も悪化していました。このような世情を背景に、七三九年三月に聖武天皇から釈迦三尊像《しゃかさんぞんぞう》の造顕と『大般若経《だいはんにゃきょう》』一部六〇〇巻書写の命が、翌七四〇年六月には、諸国に七重塔の造塔と『法華経《ほけきょう》』一〇部写経の命が下されます。この法華経は後に尼寺に施入されました。また、九月には九州の大宰府少弐《だざいふしょうに》（次官）の職にあった藤原広嗣《ふじわらひろつぐ》が反乱を起こします。広嗣は不比等の孫（二男宇合《うまかい》の長男）で、光明皇后《こうみょうこうごう》（不比等の娘・聖武天皇の皇后）の甥にあたります。この反乱は藤原氏に大きなダメージを与え、鎮圧のために一万七千人もの派兵が行われた奈良時代最大の内乱となりました。この後、聖武天皇は伊賀・伊勢・近江を巡り、一二月には恭仁京《くに》（京都府南部）への遷都がおこなわれました。これ以後、天平一七（七四五）年に平城京に還都するまで、紫香楽宮《しがらき》（滋賀県）、難波京《なにわ》（大阪府）へ聖武天皇の彷徨が続きます（一二頁地図参照）。その都度、庶民への負担も増え人々は疲弊《ひへい》します。

国分寺制度の発案者・光明皇后

天平一三（七四一）年正月、故藤原不比等の家が国分寺丈六仏《じょうろく》の造像料を施入《せにゅう》（寄附）します。この施入は、生前に不比等が国家から賜った五千戸の封戸《ふこ》（給与）のうち三千戸を寄付※したもので、この財源により全国官寺制度に対する経済基盤が整いました。この寄付の背景には、広嗣の乱が大きく影響しています。また、観世音菩薩立像と観世音経の写経が諸国に命じられます。これは、光明皇后による尼寺併設構想によるものとも考えられています。このように幾つかの伏線があり、七四一年二月一四日に「国分寺建立の詔《みことのり》」が発せられます。詔には神仏による国家の護持のほか、天皇・皇后・皇太子とその祖先や親族の安寧《あんねい》、反逆者への懲罰なども願われました。

その前年の天平一二（七四〇）年に聖武天皇と光明皇后は河内《かわち》国知識寺《ちしきじ》に行幸し、庶民による知識《ちしき》（仏事や公共事業のために資財や労力を提供して仏の功徳を受けること）で造立された盧舎《るしゃ》那仏《なぶつ》を拝し、自らも盧舎那仏の造立を決心したと『続日本記《しょくにほんぎ》』に記されています。

七四五年の平城京還都にともない、現在の東大寺が総国分寺とされました。聖武天皇は大仏造立の詔に、「私は天皇の位に就き、人民を慈しんできたが、仏の功徳は世に広がっていない。三宝（仏、法、僧）の法力により、天下が安泰で皆が栄えることを望む。ここに菩薩への（衆生救済の）誓願を立て、盧舎那仏像一体を造ろうと思う。国中の銅で仏を造り、大山を削って仏堂を建てるつもりである。この考えに賛同し協力する者は仏の恩徳を受け、ともに悟りの境地に達することができるであろう。天下の富や権勢は私が持っている。その富や権勢を使ってこの像を造ることはたやすいが、それでは本意を達することができない。だから、この事業に加わろうとする者は、誠心誠意、毎日盧舎那仏に三拝し、自らが盧舎那仏を造るのだという気持になってほしい。たとえ一本の草、一握りの土でも協力したいという者がいればそれを許せ。役人はこのために人民から無理やり取り立てをしてはならない」と、その強い意思を示しています。

天平宝字三（七五九）年に光明皇后が崩御し、その崩伝には「東大寺と天下の国分寺を創建するは、もと太后の勧むるところなり」と記されており、尼寺の併設を含めた国分寺制度の発案者で、実質的な推進者は光明皇后であったことがわかります。聖武天皇と共に光明皇后も、仏教への並々ならぬ意思を持っていたことがわかります。

光明皇后は、伝領した父親である不比等の旧邸宅（平城京）に法華寺《ほっけじ》を建立し、総国分尼寺としました。

下野薬師寺の建立

下野薬師寺は七八〇年頃、中央政府で活躍し「大宝律令」の選定にかかわった下毛野朝臣古麻呂、下毛野川内朝臣石代が建立に関与したとされています（六八頁「コラム（2）」参照）。従来の説は、創建は古麻呂などの下毛野氏が関与した一族の寺（氏寺）との考えが主流でしたが、近年の研究では、創建当初から国営事業（官の寺）として建立されたという説も浮上しています。

その後、下野薬師寺は八世紀の前半（七三〇年代）、東国の仏教文化の中心的施設として国費が投入され大改修が行われます。この大改修は壮大な事業だったようで、当地の技術者では対応できなかったのか、国費の捻出とともに信頼できる技術者が派遣されてきます。その人選で起用されたのが、平城京の寺院や宮殿の建設を指揮した工人の棟梁の於伊美吉《うえのいみき》子首《おびと/おぶと》（本籍：平城京右京三条三坊、一〇頁地図参照）でした。

子首は「下野国薬師寺造司工」として着任しています。この時彼は七九歳で、従六位上の位階をもっていました。工人でこの位階を受けているのは相当の人材と考えられ、木工、石工、左官、

下野薬師寺東基壇建物復元CG（想像）

瓦職人、金属加工、仏像製作、絵師などの寺を造るための様々な工人（技術者）をまとめる総指揮権をもった「大工」であったと考えられます。現代に置き換えれば、大規模の建設現場の施工を管理する共同企業体の現地総責任者のような立場であったと考えられます。

それぞれの部署では、相当数の人員が働いていたと考えられます。工事はすべて手作業で人海戦術によるものです。鹿沼市深岩地区や宇都宮市大谷地区周辺からは、一トン以上もある建物の礎石や石材（凝灰岩）を、那須・足尾・日光・八溝などの山塊からは、それぞれの建物の柱となる材木などを運んだと考えられます。このほか、長さ十五センチメートルの鉄釘数百本分の原料となる砂鉄は黒川や思川、栃木市南部の渡良瀬遊水地付近で採取・製品化されたと考えられます。屋根に葺かれた瓦は、栃木県庁（宇都宮市）北側の丘陵につくられた登り窯（水道山瓦窯跡群）や小山市乙女地区の窯（乙女不動原窯跡）で生産されました（一一頁地図参照）。これらの瓦は、窯場で成人男性が約一〇枚（約六〇キログラム）を背負っておよそ二〇キロメートル離れた下野薬師寺まで運びました。

律令制下で、成人男子は年間六〇日を上限（天平宝字元［七五七］年には、三〇日に半減、その後また六〇日に復しています）として、国司の招集に応じて道路の修造、官衙・寺院の造営、水利工事などの労役に従事させられました。この七三〇年代は東山道の道路整備が完了し、下野国内の郡衙の建設が終了に向かい、下野国府の建設も佳境に入った頃かと思われます。そこで、また、国費による下野薬師寺の改修工事が始まったとすると、下野国では継続的な国営事業が行われ、庶民は度重なる税の負担にうんざりしていたと思われます。七四一（天平一三）年には、国分寺建立の詔が発せられますから、下野薬師寺の改修が終わるか終わらないかの頃に下野国分寺・尼寺の建設工事が始まるわけです。

天平宝字五（七六一）年には、東大寺（大和国）、筑紫観世音寺（筑前国）と下野薬師寺に戒壇が設置されました。戒壇は僧になるための受戒の場で、東国出身で僧を目指す優秀な人材が集まりました。ちなみにこの頃の東国は、足柄坂（現在の静岡県と神奈川県境）以東の東海道、碓氷《うすい》峠（群馬県と長野県の県境）以東を「坂東」と呼んでいます。旧国名では、上野・下野・常陸・

下野薬師寺回廊CG（西側から北方向を望む）

上総・下総・安房・武蔵・相模国の坂東と陸奥・出羽国の一〇カ国となります。

このような古代東国随一の仏教文化の中心的施設であった下野薬師寺も律令体制の衰退や中世以降の戦乱などによってすべてが失われました。現在、回廊の一部が復元されていますが、かつての威容を窺い知ることはできません。そのため、この荘厳であったと想定される最盛期の姿を体感できるよう伽藍全体をコンピュータグラフィックス（CG）で復元しました。

このCGを見たら、古麻呂や当時の工人たち、そして監督をした子首はどんな感想を言ってくれるのか？　彼らに会って聞いてみたいものです。

シルクロードの終着点
―下野薬師寺の出土品―

春を告げる鳥と花

うぐひすの鳴き散らすらむ春の花　いつしか君と手折りかざさむ（『万葉集』巻十七・三九六六）

これは、大伴家持が「ウグイスが鳴いて散らしているであろう春の花を早く君と共に手折り、君の頭にかざしてあげたい」と春の訪れを詠んだ歌です。詠まれたのは、天平一九年の二月二九日（新暦の四月一七日）とされています。例年、国指定史跡下野国分寺跡では、三月上旬から四月下旬にかけてウグイスの鳴き声が聞かれます。「春告鳥」「報春鳥」と呼ばれるウグイス、冬の寒さ・厳しさに耐えて咲くことから「春告草」の異名を持つ梅は、万葉の昔から春の訪れを告げる歌によく詠まれ登場します。飛鳥〜奈良時代は春の花と言えば、桜ではなく梅だったようです。

今でも下野国分寺七重塔跡の西側に一本の梅の老木があります。小さな古木のため、普段目に留まることはありませんが、天平の丘公園周辺では、例年、最初に開花する梅の木です。

下野薬師寺跡にも約百本の梅の木を史跡公園整備の際に植樹しましたが、下野国分寺跡の老木はこれらよりも二～三週間ほど早く開花します。実はこの古木が早く開花するのは、この古木と隣り合わせにある常緑樹（樫の木）が、この老木を覆うように枝葉を伸ばしてくれているお陰で、直接霜などが降りず、寒さから守ってくれているからかも知れません。

シルクロードとその西域から

「冬の寒さを耐える」。この言葉にピッタリな遺物が、実は下野薬師寺跡や下野国分寺・尼寺跡から出土しています。「忍冬《にんどう》唐草文」や「均整唐草文」と呼ばれる唐草模様をデザインした軒平瓦です。白鳳時代や奈良時代に宮殿や全国の寺院、役所などの軒先を飾る瓦の主要紋様としてこの唐草文が流行します。全国各地の役所や寺院の瓦のデザインは、簡単に述べると平城京など中央の役所や寺院との関係の深さで決まります。平城京の各建物の屋根を葺くために使用された瓦の木型（笵型）と瓦工人が平城京工事の終了後、各地に派遣され、各地の国分寺などの建設に携わったと考えられています。下野薬師寺の創建時の建物には、藤原京の川原寺に使用された木型（笵型）が使われます。その後、八世紀前半に「官寺」（国立寺院）へ大改修が行われた際には、平城京右京三条三坊（現在の奈良市西大寺町・菅原町、喜光寺や菅原神社付近）に本籍を持つ従六位上於伊美吉子首《うえのいみきおびと》（当時七九歳）が「下野薬師寺造司工」（工事の指導者）として派遣され、ここ下野の地で工事の設計や陣頭指揮を執ったようです。

下野薬師寺跡からは、数点ですが「葡萄唐草文《ぶどうからくさもん》」と呼ばれるデザインの軒平瓦が出土しています。

「葡萄唐草文」瓦（『史跡下野薬師寺跡Ⅰ』より）

古代ギリシャ地方やその沿線の各都市でもブドウは、実が鈴なりに生り、房がたわわになることから「豊穣・多産」のシンボルとして好まれました。その情報がシルクロードを経由し、大唐帝国・韓半島諸国でもこのデザインが普及し、やがて日本に伝わったようです。

白鳳時代の葡萄唐草文様で有名なデザインは、奈良（平城）薬師寺国宝薬師三尊像の中尊が腰かけている金銅製台座の上端の框部《かまち》にあります。この台座には、古代アッシリア地方に起源をもつ葡萄唐草文、ペルシア地方を起源とする蓮華文様、インド起源の力神裸像（牙があるので鬼に見えてしまいます）、中国起源の四方四神（東の青龍、南の朱雀、西の白虎、北の玄武）が混在してデザイン化されています。シルクロード沿線地域に起源をもつさまざまなデザインがここに集約されたのです。

葡萄唐草文様はギリシャ・ローマ・ペルシアなどで盛行し、これらの地域では建築部材の装飾や土器、織物の文様として、中国（隋・唐）では雲崗《うんこう》の石窟、敦煌《とんこう》千仏洞の天井の装飾や絹織物の文様図案など、日本では薬師寺金堂の薬師如来台座のほか、法隆寺金堂の壁画や塑像、宝物の文様、正倉院の織物の図案などに用いられています。約一三〇〇年前の最先端のデザインが、シルクロードの終着点と言われる奈良（平城京）からさらに北へ六〇〇キロメートル離れた、ここ下野薬師寺まで伝わっていたのです。シルクロードの本当の終着点は、下野薬師寺なのかもしれません。

隋・唐産の葡萄唐草文をデザインした海獣葡萄鏡（白銅鏡）が、日本国内でも複数点出土しています。飛鳥の壁画古墳として有名な高松塚古墳の副葬品、法隆寺五重塔心礎埋納品などが有名です。また、聖武天皇の遺品である東大寺正倉院御物《ぎょぶつ》のほか、千葉県香取神宮にも海獣葡萄鏡が伝世しています。鏡の背面周縁に葡萄唐草文を配し、中央に禽獣を配したデザインは七～八世紀に隋・唐で流行しました。

では何故、このデザインが下野薬師寺の軒瓦に採用されたのでしょうか？ ひとつの伝説として、後世にまとめられた記事が残されています。この記事にはシルクロードの中間地点、中央アジアのソクド（ソグディアナ）地方出身で、天平勝宝六（七五四）年に鑑真の弟子としてともに来朝した如宝《にょほう》が、一時、下野薬師寺にいたと記されています。その事実は霧の中ですが、鑑真が亡くなると唐招提寺に呼び戻され、伽藍の造営と律宗の普及に尽力したとあります。もし、この記事が本当で、葡萄唐草が如宝のお気に入りのデザインだったならば、唐招提寺でもこの文様瓦が出土することでしょう。

瓦礫が教えてくれること

国指定史跡下野薬師寺跡には、二基の塔がありました。この二基の塔は奈良の薬師寺のように同時に存在したものではありません。私たちはこの二基の塔を創建の塔と再建の塔と呼んでいます（口絵参照）。なぜ、再建の塔と呼ばれているのかは意外と知られていません。再建があるならば創建もあるはずです。

下野薬師寺の創建は、平安時代に記された『類聚三代格』、『続日本後紀』などの文献には、天武天皇の時代の六八〇年頃に建てられたと記されています。残念ながらこれらの史料は、天武朝に記されたものでないため二次史料として扱われ、信憑性が低くなります。しかし、発掘調査で出土した一番古い瓦の文様などから、この文献史料の年代はそれほど大きく違っていないのでは？と、研究者間では評価されています。

創建からしばらくして七三〇年代になると、国家プロジェクトとして国費がつぎ込まれ、都の大寺院と肩を並べるほど、「あたかも七大寺の如し」と称される東国一の巨大寺院への大改修が行

下野薬師寺西回廊北西隅から出土の瓦礫（『史跡下野薬師寺跡Ⅰ』より）

われました。

その後、天平宝字五（七六一）年には、名実ともに東国仏教の中心施設として「本朝三戒壇」（奈良東大寺・筑紫観世音寺と下野薬師寺）と称される授戒施設の「戒壇」が設置されます。この時に創建の塔はまだ建っていたのでしょうか？ どのタイミングで創建の塔が無くなったのかはわかりませんが、平安時代の八〇〇年代の終わり頃、再建の塔は新たに建て直されたことが発掘調査で判明しました。

では創建の塔は？ その創建に際し建立された塔は下野薬師寺の伽藍の中心、安国寺（二〇一八年、「薬師寺」に寺名を変更）六角堂の南東で発見されました。原因は分かりませんが、この塔は火災により焼失していることが確認されました。塔は火災の後に完全に取り壊されたようで、礎石の中でも地中に深く埋め込まれた心礎（芯柱のための中央に据えられる大きな礎石）も抜取られ穴しか見つかりませんでした。ただ、付近からこの塔のものと想定される焼けただれた瓦がまとまって出土しました。廃棄された瓦は、いわゆる瓦礫を廃棄するためだけに掘られ、すぐ埋め戻された穴から出土しました。堀や溝などのように、長期間使用される遺構とは異なり、後の時代のものが混じらないゴミ穴となります。

あまり良い事例ではありませんが、京都では応仁の乱の大火の焦土層、江戸では明暦の大火などの火災とその後の整地層とこれに伴う廃棄土坑などで地層に年代を符合させます。江戸東京博物館では、実物をはぎ取った地層で各時代の整地層がわかり易く展示されています。さらに京都の本能寺、近江国の安土城や秀吉の築いた大坂城などは事件や落城の日までわかる事例となります。秀吉が京都伏見に築いた最初の伏見城（指月伏見城）は、文禄五（一五九六）年閏七月一二日深夜に起きた「慶長伏見地震」のため天守上層が倒壊しました。数年前の発掘調査では、その時埋め戻された瓦礫に混じって五七桐文軒丸瓦や金箔が貼られた瓦が出土しています。また、山下公園（横浜市）は、関東大震災で崩壊した横浜市内の瓦礫処理と再び災害が起きた時の避難場所として設計され、昭和五（一九三〇）年三月に日本で最初の臨海公園として開園しました。

数年前、広島平和公園では原爆資料館の増改築に伴う発掘調査が行われました。調査地点からは原爆投下の爆撃により破壊された街の瓦礫に混じり、直前まで使用されていた数々の日常生活用具が出土しました。これらは戦後に整地する際、瓦礫とともに埋められたようです。新しい資料館には、一本の焼けただれた牛乳ビンが展示されています。この資料は触れることができ、筆者も触れてみました。ガラス製のビンですから冷たいのは当たり前ですが、熱線で溶けた時はどれほど赤く熱を帯びたのか。それを思うと一層、冷たさが増したような気がしました。筆者の後に諸外国の方々もこのビンに触れていました。その場で立ち止まり目を伏せる人、同行者の方と短い会話を交わす人などさまざまでした。それぞれが歴史の重みと戦争の悲惨さを体感したと思います。

イギリスの歴史学者エドワード・ハレット・カー（E・H・カー）の著書『歴史とは何か』の冒頭に「歴史は現在と過去の対話である」とあります。非常に重い一文です。

大人もそうですが児童・生徒の皆さんが、修学旅行などで日常を離れ、見知らぬ新しい土地に立つことは自分の住んでいるところを顧みる絶好の機会でもあります。京都・奈良、広島などでは歴史の流れた時間は同じですが、下野とは異なる歴史がそれぞれの地にあります。これらの土地に触れ、体感し、熟考し、比較することはとても大切なことです。本当の「観晃」とはそういうものなのかもしれません。

※文化財に光りをあてる「晃」という意味を込めて、市教育委員会では「観光」を「観晃」と表記しています。

『今昔物語集』と下野薬師寺

―長寿・極楽往生の話―

人間のエゴイズムと信頼をテーマとした、黒沢明監督作品『羅生門《らしょうもん》』の原典は、芥川龍之介の「羅生門」と「藪《やぶ》の中」です。この二作品は、『今昔物語集』を基に作り上げた作品であることは広く知られております。

中学校の国語の古典の授業では『今昔物語集』を習います。この物語は今から約一〇〇〇年程前の都などで起きた不思議な出来事を中心に描かれていることから、下野市とは関係のない遠い昔の物語と思われるでしょう。しかし実は、この物語の本朝世俗部には次のような平安時代の下野薬師寺に関する記事が収録されているのです。

下野薬師寺の堂童《どうわらべ》（寺の雑用に奉仕する人）である藏縁《ぞうえん》は、日夜、地藏菩薩《じぞうぼさつ》を篤く信仰していました。藏縁が三十余歳の頃には家も豊かになり、家族も増えました。この頃、彼は等身大の地藏菩薩一体と地藏堂を建立し、毎月二四日には人々を集めて供養の法会を催しました。日頃から藏縁は、「私は必ず何時《いつ》の月かは解らないが、二四の日に極楽往生する」と言っていました。人々

大正中期頃の三昧場溜池（『南河内町史』史料編5絵図より）

は最初、これを笑っていましたが、蔵縁は九〇歳になっても元気でした。

醍醐《だいご》天皇の時代、延喜《えんぎ》二（九〇二）年八月二四日、蔵縁は遠近の知人を集めて饗応《きょうおう》し「皆さんにお目にかかるのは今日が最後になりました」と挨拶《あいさつ》しました。人々はまた、いつもの話だと思う人、別れの涙を流す人といろいろでしたが饗応が終わり、皆はそのまま帰宅しました。その夜、蔵縁は地蔵堂《じぞうどう》に入り合掌《がっしょう》し坐《すわ》ったまま亡くなりました。翌朝、人々はこれを知り、極《ごく》楽往生《らくおうじょう》されたに違いないと感嘆《かんたん》しました。

この話は「日頃からお地蔵様を信仰したお蔭で長寿を保ち、極楽往生を遂げることができた」信心深い話とされています。この物語から、約一〇〇〇年前の現在の本市域に九十歳を超えるご長寿な方がいて、その人は下野薬師寺の雑事にかかわることで国立寺院機構とつながりを持っていたこと（この頃、本来の国立寺院機構も機構改革により、緩みが始まっていたのかもしれません）、さらに個人の資産で仏像やお堂を建設し、場合によっては薬師寺から僧を呼んで法会をおこない、その法会の後に人々に飲食を饗応できるほど裕福な「富裕層」だったことがわかります。

鉄鉢形土器（多功南原遺跡出土：栃木県教育委員会蔵、『仏堂のある風景』より）

　ここに記されている「地蔵堂」が下野薬師寺周辺のどこにあったか知る由もありませんが、下野薬師寺跡の北西で「三昧《さんまい》場《じょう》」の西側雑木林周辺は現在も「地蔵山」と呼ばれています。地蔵山の約一キロメートル北の県立上三川高等学校やその近隣の工業団地造成に伴う多功南原遺跡の発掘調査では、土器に「佛」の文字を記した墨書土器や僧が托鉢《たくはつ》の際に持つ「鉄鉢《てっぱつ》」型の土器が、九×三メートルの長い特殊な竪穴《たてあな》建物《たてもの》跡から出土しており、ムラの中にも「村落内《そんらくない》寺院《じいん》・堂」があった可能性が想定されています。もしかするとこのムラに藏縁が住んでいたのでしょうか？

正倉院は奈良東大寺だけではない

例年、秋になると奈良国立博物館で正倉院展が開催されます。平成二〇年度は第七〇回の開催となりました。第一回は敗戦の翌年、昭和二一（一九四六）年に開催されました。明治八（一八七五）年以降、何度か御物が展示され、昭和十五（一九四〇）年には皇紀二六〇〇年記念として東京帝室博物館（現在の東京国立博物館）で正倉院御物展が開催されました。昭和二一年の第一回開催は戦後の混乱期にあたります。この頃、日本中ではその日の生活を送るのも大変な時期でしたが、敗戦で失われた日本人としての誇りを取り戻すために日本の伝統と文化、文化財を再認識するため敢えて文化的な展覧会の開催を企画したようです。その趣旨が受け入れられたのか、はたまた、長く続いた戦時下で文化的なことが抑圧されていた為か、二〇日間の会期で約一四万七〇〇〇人の観覧があり、好評を博したという記録が残されています。

ここで改めて正倉院について。正倉院展の正倉院は、大仏（毘盧遮那仏）で著名な東大寺に帰属する倉庫です。かつて東大寺には「正倉」と呼ばれる倉（倉庫）が複数棟ありました。長い歴史の中で多くが失われ、残ったのが聖武天皇と光明皇后の遺品を納めた一番大きな倉（正倉）です。これらの倉を塀や垣根で区画し独立した施設が「院」、「正倉院」となるわけです。「院」には独立した施設の意味もあります。衆議院・参議院、人事院、病院、学院などの表記です。

税の納入と管理（『那須の歴史と文化』より）

また、「正倉」は本来「正税を納める倉」の意味で、律令時代に各地から上納される米穀や調布などを保管する倉を指す名称で、宮都では大蔵省の所管でした。地方では国府や郡衙にも「正倉」が置かれ、地方役所にも正倉院があったようです。また、都の七大寺や全国の国分寺や尼寺のほか、下野薬師寺のような地方官立寺院にも正倉（院）が存在し、寺院運営用の物品が納められていました。下野国府（栃木市）からは、下野薬師寺の運営のための月額費用に関した書類（巻物）の索引（インデックス）に使用された木簡（題箋軸）が出土しています。木簡には「薬師寺月料」の文字が残っています。くるくると巻いた書類を棚に置くと何の書類か分からないため、長い巻物状の書類の真ん中に棒状のものをさし入れます。その頭のところを羽子板状につくりそこに書類名を記します。ここを見れば一目瞭然で、何の書類か分かるわけです。毎月、国府から下野薬師寺に運営用の経常経費として、穀類か布が届けられていたのでしょう。その際には下野国府の正倉が開かれ思川を渡り、東山道を使って職員が届けに来てくれたか、あるいは下野薬師寺所属の事務官が毎月、下野国府へ報告書を届けながら月毎の運営費を預かってきたのかもしれません。

ところで、正倉院展ではあまり出品されることのない収蔵品ですが、実は下野国と深いかかわりのある品物が東大寺正倉院に残されています。ひとつは長さ四丈二尺（約十二・六メートル）の麻布です。この布には調布（租庸調の調）として納めた納税者の名が記されています。「下野國那須郡熊田郷□子部□□調布一端　長四丈二尺、天平十三年十月」［〇白布、字面に國印二箇所］とあります。那須郡熊田郷は現在の那須烏山市熊田が当該地と考えられ、そこの住人の□子部□□さんがこの布を納めたのです。この□に入る文字はここでは分かりませんが、下野国分寺金堂跡出土の丸瓦の外面には「熊田郷丸子部麻呂」の名前が記されています。このことから、税として麻布を納めた那須郡熊田郷□子部□□と同じ氏族の人物と考えられます。丸子部さんは、下野国分寺建立の際に瓦の製作の資金を提供したので、瓦に名前が残された訳です。丸子部さんのおかげで、下野国分寺と東大寺正倉院がつながりました。

古代のアカデミア

旧暦・陰暦とも一二月のことを「師走」といいますが、師走の語源説として「僧（師）が経をあげるために、東西を馳せる月」＝「師馳す（しはす）」があります。この説は、意外と古く平安時代末期に編さんされた『色葉字類抄《いろはじるいしょう》』※に記されています。そのほか、「年果つ（としはつ）」、「四季の果てる月」を意味する「四極（しはつ）」、「一年の最後になし終える」意味の「為果つ（しはつ）」とする説などがあるようです。

ところで、下野薬師寺、下野国分寺・尼寺にはどのようなお坊さん（師）がいて、これらの寺院はどのような存在だったのでしょうか？　時折、下野薬師寺や国分寺には誰の墓があるのですか？　という質問があります。実はいずれの寺にも墓地はありません。下野薬師寺については七三〇年頃に国営寺院（定額寺）に昇格しますので下毛野氏一族の菩提寺の役割が変わります。下野薬師寺も下野国分寺・尼寺も「国家鎮護《ちんご》」（国の平穏・無事を祈る）の寺としての役割があります。特に国分寺・尼寺は、聖武天皇の発願により全国六〇余国に建立された「国の安泰を願った」

寺です。当時、国分寺を造らなければならなかった原因として、国中に伝染病が蔓延し、政治は内乱などにより不安定で、外交は韓半島情勢が不穏に満ちていたことがその要因と考えられます。

そのような世情の中で、全国各地の官立寺院で勤務可能な資格を有した僧侶の増員が急務となりました。よって、天平勝宝《てんぴょうしょうほう》六（七五三）年、東大寺に設置された戒壇院のほか、新たに天平宝字《てんぴょうほうじ》五（七六一）年正月二一日の勅命で東国に下野薬師寺、西国は筑紫観世音寺《ちくしかんぜおんじ》に戒壇が設置されました。この「戒壇」は「僧＝師」となるべき人々の一生を左右する学業習得の場であり資格取得の場となります。長野県碓氷峠より東の地域の受験生は下野薬師寺で、四国・九州方面で僧を目指す人は筑紫観世音寺、近畿地方は東大寺戒壇院が受験の場となりました。

当時の寺院には、現在の総合大学のように文系・理系・医療系・土木系などさまざまな知識をもった僧侶がいたと考えられます。聖武天皇と光明皇后による東大寺の大仏造立発願の契機に関与した行基※は、土木技術に長けており道路整備や橋を架ける工事を行っています。時代は違いますが「弘法大師」が井戸を掘った話にもつながります。

増長天立像（下野国分寺跡第10次調査時に出土：所蔵・写真提供：栃木県教育委員会）

各地の国分寺や尼寺の広い敷地には、薬草を植えた「薬園」があったこともわかっており、寺院が病院の役割を果たしていました。ですから採用された後もさまざまな知識について勉学に励んだと考えられます。試験の内容についてはその性格上不明な点が多いのですが、下野薬師寺では五人の師による口頭試問が行われました。合格すると各地の国分寺・尼寺や官寺が勤務地となります。中には総国分寺・僧国分尼寺の東大寺や法華寺に留学してさらに研鑽を積むこともできたようです。

各地の国分寺には「講読師《こうどくし》※」と呼ばれる「教授」がいました。下野の場合、国分寺の講師が薬師寺の講師も兼務した時期もあったようです。下野薬師寺も赴任地の一つだったのでしょう。

現在、本市には自治医科大学があり、各地から選抜された優秀な人材が最先端の医療について学んでいます。一三〇〇年前の下野薬師寺でも東国各地から選抜された優秀な受験生が集まり、知識を競ったと考えられます。このような人びとの地道な研鑽《けんさん》の積み重ねが、歴史と文化となるわけです。下野薬師寺がこの地になければ、後に、フランシスコ・ザビエルによって「日本国中最も大にして最も有名な坂東のアカデミー（坂東の大学）」と称され、海外にまでその名が伝えられた足利学校（足利市）は、もしかすると存在しなかったのかもしれません。

金銅仏（毘沙門天、下野国分寺跡鐘楼出土：市教育委員会蔵、『下野国分寺展』より）

残念な恥ずべき落書き

下野市民の宝である国指定史跡下野薬師寺跡の復元整備のシンボルとも言うべき回廊が、黒色のマジックで落書きされてしまいました。落書きの内容は、二名の個人名と日付でした。目的はわかりませんが、日付から判断するとゴールデンウィークに史跡を訪れた際に書いたようです。書かれた場所は、回廊の北東隅外側の腰長押《こしなげし》と呼ばれる部材で、朱色に塗られている場所でした。実は落書きは今回で二度目です。前回も今回も記録として保存し、その後に消しました。しかし、一度汚された箇所はきれいには消えず、痕が残ってしまいます。一度日の落書きは二〇一五年、やはり同様の場所に書かれました。偶然かもしれませんが、二回とも使用したマジックの種類や文字の大きさ・書き方・内容が非常に似ています。

私たち文化財担当者は、古代の遺跡から出土する文字資料などを分類・比較し、報告書としてまとめることも仕事としています。下野国分寺跡からは、焼成前の瓦にヘラのような道具を用いて文字を記したものが、約三〇〇〇点出土しています。文字の内容は、古代下野国内の郡や郷の

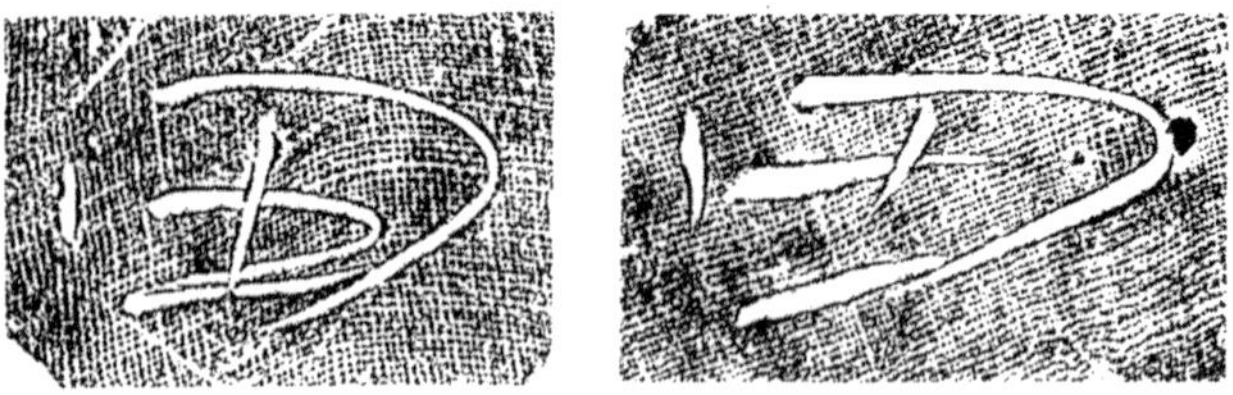

文字瓦（ヘラ書文字）「田」（『下野国分寺跡Ⅻ』［瓦・本文編］より）

名称が大半です。現在の足利市域の梁田《やなだ》を示した「田」の文字は、筆跡や筆順・大きさなどの特徴から六種類に分類することができます。塩谷《しおや》郡（当時は塩屋《しおのや》）の「塩」も四種類に分類することができ、一つの種類を一人の書き手の癖とするとそこから書いた人数がわかります。また、記入する部位もそれぞれ個人差が顕著に現れます。本市の三王山地区の平安時代の集落跡からは、「野」の墨書土器が約一〇〇点ほどまとまって出土しています。本市に隣接する多功南原遺跡（上三川町）からは「千」の文字が記された墨書土器がやはり百点以上出土しています。土器の年代から五〇年以上この文字が代々書き継がれた可能性があります。この集落から南に二キロメートル以上離れた複数の小規模集落から「千」と記された墨書土器が出土することがあります。簡単な文字のため筆跡を比べにくいのですが、多功南原遺跡のものと同じ人が書いたようなものもあります。集落間で何らかのつながりがあったのでしょうか?

　このように出土資料の整理作業ならいいのですが、文化財への落書きを比較・分類することほど残念で無駄な仕事はありません。特に今回は、東日本大震災の被災修理として平成二四年度に国庫補助事業を受け白壁を修理し、柱などの部材の朱色を塗り直した後なので、今後十年は修理をしなくて済むと考えていたため、非常に残念でなりません。この朱色も科学塗料でなく、日光の二社一寺にも使われている塗料と同等もので、手間と費用がかかっています。このような残念な行為がなければ、その予算でほかの作業を進めることができるわけです。

近年、日本だけでなく世界遺産などの文化財への落書きや滅損被害に関する報道を目にします。日本を代表する富士山の神社や姫路城など有名な城郭《じょうかく》、奈良の寺々などが被害にあっています。古代から継承された文化財や自然遺産は一度壊したら元には戻りません。人間がつくり出した文化財は長年の風雪に耐え、私たちの先祖が長い間大切に保護し伝承してくれた宝物です。これだけ文化と文明の発達した中で生活をしている現代人が、このような貴重な文化財をわざわざ傷つけるのは許し難い恥ずべき行為です。

時代は異なりますが、安土桃山時代の天正一七（一五八九）年、豊臣秀吉の政治批判を聚楽第《じゅらくだい》南外門の白壁に落書きした者がありました。報告を受けた秀吉は激怒。怒りの鉾先を当日の警備担当者（番人）に向け、彼ら一七名に拷問を加え、磔にして処刑しました。その後、関係者の妻子などを含む六六名を京都鴨川の六条河原で磔の刑にしたことが、山科言経《ときつね》の日記『言経卿記』や『多聞院日記』（奈良興福寺の塔頭多聞院主の日記）に「聚楽第落首事件」として記されています。

秀吉の横暴は許しがたいのですが、落書きが多くの人たちの命まで奪った歴史的な出来事として敢えて紹介しました。

東の飛鳥
―コラム②―

下野寺（下毛寺・下毛野寺）

『続日本紀』養老四（七二〇）年八月の記事に平城京には四八もの寺院があったと記載されています。官立寺院の薬師寺や大安寺は都の中心に、有力氏族の氏寺である興福寺（藤原氏［中臣氏］）、元興寺（元々は蘇我氏が建立した飛鳥寺）などは外京に配置されました。

このほか、土師氏の菅原寺（喜光寺）、紀氏の紀寺、佐伯氏の佐伯院、穂積氏の穂積寺のように各氏族の氏寺も複数あったようです。下毛野氏の下野寺も京内にあったという記録がありますが、残念ながらその場所や寺院の規模は明らかになっていません。

下野寺が凄いのは、一氏族の氏寺にもかかわらず、官立寺院の東大寺に経典を貸出ししており、天平勝宝五（七五三）年四月の記事に、下野寺の僧宝蔵は私物で『仁王経』二巻を持っていることが書かれています。天平勝宝六（七五四）年八月九日の記事には、下野寺が『梵網経』一部二巻を造東大寺司に貸出ししています。天平一九（七四七）年、大仏の鋳造が始まり、天平勝宝四（七五二）年四月に開眼供養が行われます。この天平勝宝六年一月に鑑真が来朝しています。この年の四月に聖武上皇以下四百人が菩薩戒を受けています。もしかすると鑑真が来朝して東大寺に居住した鑑真の指示により、本格的な仏教に関する活動が始まったので経典が必要になったのかもしれません。このほか下野寺は、薬師寺や元興寺と同等の『千手経』五〇巻をも持っていたという記録もあります。

平城京の設計から関与し、仏教の教えの本質である経典を多く保有する寺を建立したのは、古代の知識人下毛野朝臣古麻呂ならではの仕業なのでしょう。

第3章—身近な奈良時代

THE EAST OF ASUKA

役人の正月元日は慌ただしい？

新しき年の初めの初春の今日降る雪のいやしけ吉事《よごと》（『万葉集』巻第二十・四五一六）

訳：年の始めの今日降る雪のように吉事（良いこと）が重なるように続くことを願う

この歌は、天平宝字三（七五九）年の正月一日、因幡国《いなば》（鳥取県）の国守《くにのかみ》（長官・今の県知事）の大伴家持が国庁（役所）において宴を催し、国庁に勤務する人々・郡司等の郡役所に勤務する人々を饗した際に詠んだ歌とされています。家持は前年の六月に転任して来たため、この因幡の地で正月を迎えるのは初めてのことでした。

では、国庁で催される宴《うたげ》とはどのようなものなのでしょう？ 今風に言えば、市や商工会が主催する「賀詞交換会」ですが、実はこの宴は現代の宴席より少し意味の深い儀式も兼ねたもので、いわゆる「元日朝賀の儀」といわれる儀式です。

『続日本紀《しょくにほんぎ》』に、律令国家が成立した年＝大宝元（七〇一）年の正月一日、藤原宮における儀式

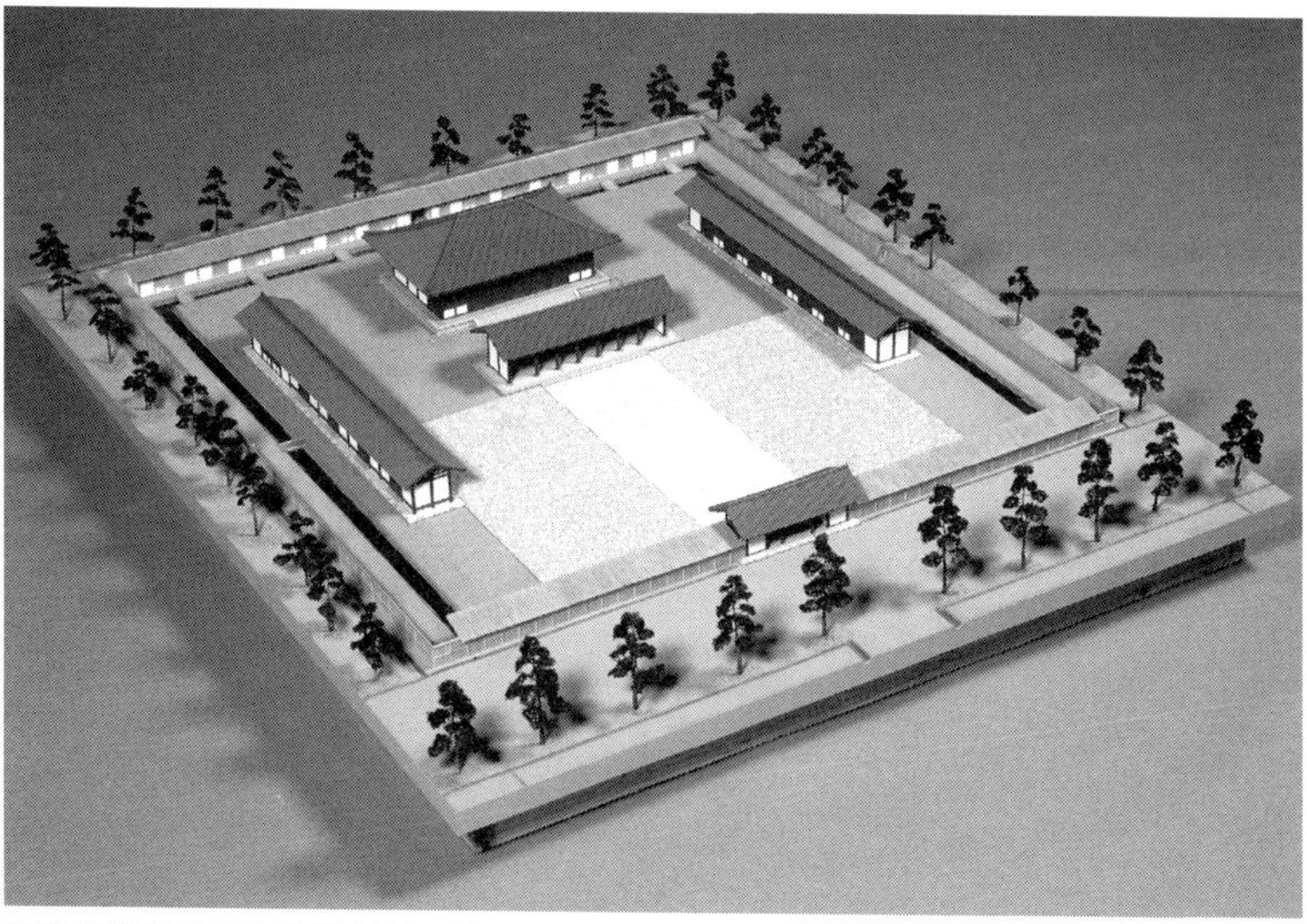

第Ⅱ期下野国庁復元模型（写真提供：栃木県教育委員会）

の様子が克明に描かれています。文武《もんむ》天皇は大極殿の高御座《たかみくら》に南面して着座、百官（大臣・官僚）の祝賀を受けます。大極殿の正面の広い空間には役人が整列しています。この時の整列は階級の順となります。その列の前面には烏（サッカーでおなじみの三本足のカラス）の幢《はた》、左に日像《にっしょう》（太陽）・青龍《せいりゅう》・朱雀《すざく》の幢、右に月像《げっしょう》（月）・玄武《げんぶ》・白虎《びゃっこ》の幢が立てられ、儀式の場を飾りました。

この日、「文物《ぶんぶつ》の儀、是に備れり」（文物＝学問・芸術・法律・制度など。儀式が整い、大宝律令が完成したことを誇った表現か？）とあるように、新しい国としての出発を祝っています。右《う》大弁従四位下《だいべんじゅしいげ》下毛野朝臣古麻呂も勢ぞろいした百官の先頭の方に整列していたことでしょう。

地方の政庁、いわゆる国衙《こくが》（国庁）においても宮中同様の朝賀の儀式が、元日早朝におこなわれました。「律令」のうち役所の公的規範を記す「儀制令《ぎせいりょう》」によると、国司（守）及び介《すけ》・掾《じょう》・目《さかん》などの役人は国府で働く役人や郡司を率いて「庁」（都の政庁・平城宮）に向かって朝拝、また、国の一宮（総社）を遥拝しました。

下野国の場合、下野国府の北に位置する総社（大神神社《おおみわ》）を遥拝したと考えられます。もしかすると総社の奥に男体山が見え隠れしたのかもしれません。その式典の後に国守《こくしゅ》が天皇の代理として、郡司たちから祝いの言葉を受けたのかもしれません。地方に国守として赴任していた官人にとって、元日は一年の中でも特別な意味をもっていた日なのです。

正倉院に残されている薩摩《さつま》国（鹿児島県）の資料では、薩摩国府で元日朝賀に参列したのは国司以下の役人六十八人、但馬《たじま》国（京都府の一部）では二十六人とあり、この数は本市役所の仕事始め式に列席する執行部と管理職を足した数と似ています。

重要な宴席

儀式の後には宴が催されました。天平五年の越前《えちぜん》国（石川・福井県）の例では、三十二人が宴会に参加しています。この中には国司・郡司のほか、地方に配置された公の軍事組織＝「軍団」の要職者が参加しています。「軍団」は律令制により、諸国に設置され、千人以上、六〇〇人以上、五〇〇人以下規模の大・中・小団構成とされました。兵士は常勤でなく一〇日任務で交代。中には、衛士や防人として都や九州に送られる者もいました。この制度は、延暦一一（七九二）年には九州や東北地方などを除き廃止されました。その軍団の指揮官も宴席に同席しました。後に「つわもの」と呼ばれる戦う人たちは、このような席で歌を詠んだのでしょうか？ 残っている資料で確認できますが、中には文武両道の人がいたようで、防人の歌が残されているように武人も歌を詠んだようです。歌人として有名な大伴旅人も実は「将軍」の肩書を持っています。ですから、酒を愛し、歌を詠み武にも優れていた旅人の子、家持も歌が上手だったのでしょう。

元日朝賀の儀は、中央出身の国守とその指揮下の軍事や軍団長など、地方出身の軍・政関係者が一堂に会する重要な行事であったことがわかります。

この饗宴の時に配られる酒は役職により差があり、上級者は清酒（現代の清酒とは異なります）、下級者は濁り酒が支給されました。その量も階級によって異なっており、国司は一升《いっしょう》、上級職は八合《はちごう》、その他は三〜四合だったようです。推測となりますが、酒の肴の品数もきっと違っていたことでしょう。当然、鮎の大きさなども違っていたのかもしれません。ここまで違ってくると盛り付けられる食器や酒坏に使用される「うつわ」も階級によって異なっていたものと考えられます。国司などの上位者は、舶来品の青磁や白磁の器、愛知県周辺で生産された緑釉《りょくゆう》・灰釉陶器《かいゆうとうき》を使用したのでしょう。下野国府跡の発掘調査で、灰釉陶器の皿の底に「介《すけ》」（次官級）の文字が記された墨書土器も出土しています。

春を告げたのは……

時

私たち現代人のように時間を管理する時計や世界中とつながるモバイルや通信機器などの「文明の利器」を持ちえなかった古代の人々は、どのようにして歳月・時間の流れを管理していたのでしょう?『日本書紀』天智天皇一〇（六七一）年四月条に「漏剋《ろうこく》を新しき台に置く。はじめて候時《とき》を打つ。鐘鼓《かねづつみ》を動《とどろか》す。はじめて漏剋を用いる」と記されています。

「漏剋※」とは水時計のことで、大きな箱のような容器の中に「浮き」が付いた目盛りの刻まれた棒が入っており、その棒が水面に対して垂直に立ち、時間の流れ共に一定のスピードで水が溜まり、水位の上昇とともに目盛りが上がって、時間を知らせる仕組みの時計です。この棒の上昇を役人が目視して、時刻を告げる鐘を鳴らしました。時間の進捗を音声に変換して知らせるいわゆる時

漆紙文書（複製、下野国府跡出土：写真提供：栃木県教育委員会）

報の装置で、現在、本市が正午と一七時に防災無線を通じてお知らせする時報と同じものです。

暦

中央政府から各国（国府）に暦《こよみ》（カレンダー）が頒布されました。全国複数の遺跡で具注暦《ぐちゅうれき》という暦の破片が出土しています。当時、地方の役所でも紙の書類を使いましたが、役所も書類も無くなってしまい、残っているのは東大寺正倉院の「紙背文書」などだけです。紙背文書が残ったのは書類として表面が使用されましたが裏面は未使用で、この残った裏側を再利用するため保管期間が過ぎ不要になったものが東大寺などの寺社に払い下げられ使用され、それらが残ったのです。また、地方の遺跡（地中）からも時折、奈良時代の暦（書類）が出土することがあります。地方の役所でも使用済みの書類（紙）が払い下げられました。その払い下げ先に漆工人（漆工房）があります。漆を塗る作業場では作業終了後、漆の入った容器に紙で鍋の落し蓋のように蓋をしました。この蓋紙に漆が付着し、表面に漆の被膜ができると腐らず残りました。これを漆紙文書といいます。ほとんどの漆紙文書は容器の曲げ物や土器のかたち＝円形で出土します。漆が付かなかった部分の紙は腐って欠損しています。なので、四角い紙も円形で出土します。

現在の感覚では考えにくいのですが、古代において暦と時間を管理すること＝人を支配したことに相当することから政策上重要な事項とされました。ちょうどこの頃は、律令制など全国共通の基準が地方に行きわたり、さまざまな取決めが進められた時期でした。下野国でも同様に国衙（国府）から郡家（郡役所）を通じてムラ（郷）にさまざまな通達・情報が提供されたと考えられます。以前、石川県の加茂遺跡（津幡町）から平安時代のお触れが記された牓示札《ぼうじさつ》が出土しました。ここには、「村人は字が読めないから（役人）が読んで聞かせて説明するように」と記されています。

また、暦には農事における吉日についても記されていました。田起こし、草刈、モグラの穴ふさぎ、種まきなどの農事サイクルが記され、旧暦の二月は新暦の三月に相当することからこの二月にはさまざまな農事が記されています。この他、農事（農業生産物）＝田畑（口分田《くぶんでん》の班給は二月三十日まで）＝税（租《そ》・庸《よう》・調《ちょう》）となる当時の税制システムから二〜三月は、古代においても税や出挙《すいこ》（種もみ・銭の貸付）※に関する決め事が多い時期でした。現在も確定申告など税に関する作業が行われるのもこの時期です。ただ、当時のすべての人々が暦どおりに生活していたとは考えられません。特に農作業などは全国で時期も異なったことでしょうし、地域独自の暦があったはずです。いわゆる「月読み」といわれるように一ヵ月を理解し、自然現象から季節の変化を読み取る「自然暦」が各地で成立していたものと考えられ、それらが地域独自の伝統と文化を形成しました。本市域に住んでいた古代の人々は、花の咲き方、風の匂い、霜の降り方、渡り鳥、男体山や那須連山の冠雪や富士山の見え方などで季節を感じていたのかもしれません（当時、富士山は時折、噴火していましたが……）。

梅か桃か桜か

梅の花咲きて散りなば桜花継ぎて咲くべくなりにてあらずや（『万葉集』巻第五・八二九）
訳：つい最近、梅の花が咲いて散ったと思ったら、続いてすぐに桜が咲きそうになっているではないですか。春はすぐそこに来ているようです。

この歌は、天平二（七三〇）年一月十三日に大伴旅人《おおとものたびと》の邸宅で催された宴席で、渡来系の医師・薬剤師の張福子《ちょうふくし》が詠んだものです。当時の暦は現代と異なっているため、一月十三日は現代の二月下旬頃の季節感とお考えいただければと思います。いずれにしても春を待つ気持ちが表現されている歌と思われます。

ここには、梅も桜も詠まれています。『万葉集』には様々な花に関する歌がありますが、梅を詠んだものが百首以上、桜を詠んだものが約四〇首あるようで、万葉の時代では桜より梅の方がメジャーだったようです。

梅は弥生時代以降の伝来、あるいは遣隋使が杏子《あんず》とともに日本に薬として持ち込んだ植物という説があります。桃も縄文時代末期から弥生時代の渡来系植物と想定されています。

近年、奈良県の卑弥呼の館では、といわれる弥生時代の大きな遺跡から桃の種がたくさん出土しました。まとまって種が出土したことからこれらは食用だけではなく、古事記の記事にあるように桃の実＝魔よけなどの意味もあったのかと考えられているようです。菊も牡丹も朝顔も蓮も水仙も奈良から平安時代頃に遣唐使などが、薬用・観賞用として日本に持ち込んだものといわれています。

これらとは異なり、桜は純国産だったようです。しかし、『万葉集』であまり詠まれていません。万葉期以前の桜は山桜として、人里離れた山の景色として鑑賞されていたようです。それを万葉の人たちが、里の桜として庭園などに移植したことで人里に降りてきたとも言われています。今でも地方により、「田打・種蒔き、田植え桜」との名称で呼ばれている桜があります。これは古代、山桜には「田の神様」が宿ると考えられており、山にいる田の神様が田植えの時期に里山に降りてきて、農事の時期を知らせると考えられていたことにつながります。「サクラ」の名前の云われは複数ありますが、その一つに『古事記』に登場する「大山津見神《おおやまつみのかみ》」の娘、「木花之佐久耶毘売《このはなのさくやひめ》」が霞《かすみ》に乗って富士山の上空から桜の種を撒いたという壮大な伝説もあります。

悔過

奈良の春を代表する行事に有名な東大寺二月堂の「お水取り」があります。この行事と並んで春を告げる行事に奈良薬師寺の「花会式」があります。この行事も古代から連綿と続く儀式と言われています。この花会式は、薬師寺金堂本尊の薬師如来に「悔過《けか》」（おわび）と共に安泰を願う行事で、旧暦の二月、例年三月下旬に行われます。現在も国家繁栄、万民豊楽、五穀豊穣などが祈願され、仏前には梅・桃・桜・山吹・椿・牡丹・藤・百合・カキツバタ・菊などの造花が飾られることから「花会式」と呼ばれています。

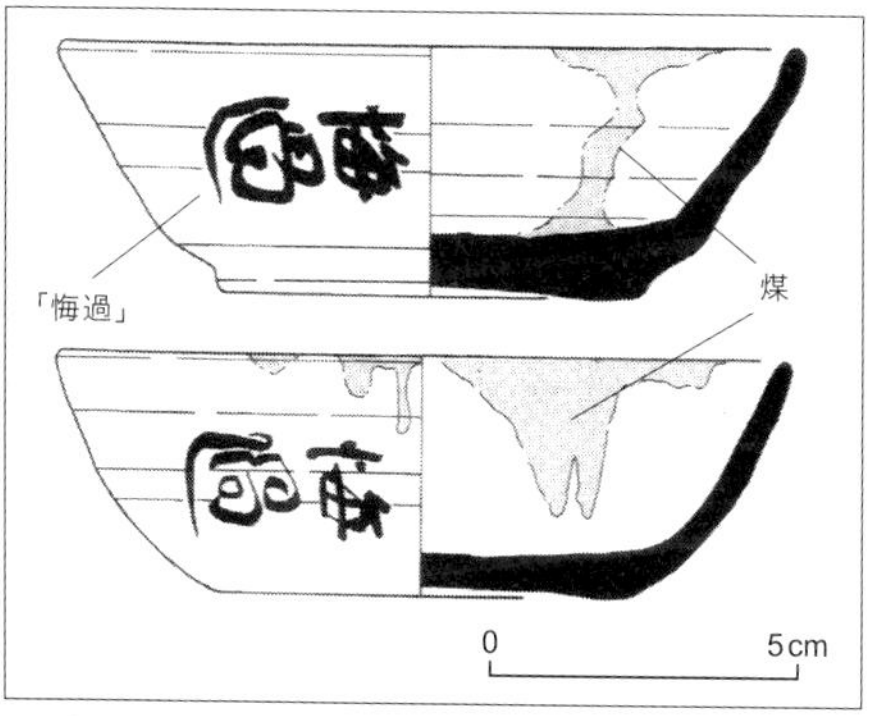

下野薬師寺跡出土墨書土器実測図

下野薬師寺跡からも「悔過」と書かれた墨書土器が多数出土しており、土器のかたちから千年くらい前のものと考えられます。下野薬師寺でも千年前に薬師如来に懺悔する悔過会が行われていたのです。実は東大寺のお水取りも二月堂本尊の十一面観音菩薩に対する悔過法会なのです。また、道鏡と悔過法会には深い関係が考えられる、という説もあるようです。

下野薬師寺の悔過法会の時、仏前に飾られたのは梅の花でしょうか、それとも桜の花なのでしょうか？

引っ越しとリサイクル

下毛野朝臣古麻呂の住んでいた藤原京は、当時「新益京《あらますのみやこ》」と呼ばれていました。藤原京は日本で初めての計画的な大規模都市で、持統・文武・元明天皇の三代（六九四〜七一〇）と短命な都でしたが、規模は東西四・八キロメートル、南北約五・二キロメートルと壮大で、京域のほぼ中央に天皇の住まいと政治の中枢機関である「宮」が置かれました。古麻呂も高級官僚だったので、彼の邸宅もこの宮に近くて広大な敷地を有する高級住宅街にあったはずです。平城京では、役職・階級の順に宮に近く、宅地の規模も決まっていました。例えば奈良時代前半の権力者長屋王の邸宅の敷地は推定六万平方メートル、甲子園球場の約一・五倍の広さに相当します。古麻呂も四位だったので、もし平城京へ引っ越しするまでご存命だったら一町四方（奈良時代の）、約一万平方メートル以上の広大な敷地の邸宅に住むことができたでしょう。

京域は道路によって碁盤目状に区切られ、寺院や役人・庶民の住宅、市場などが計画的に配置されていました。この宮域を中央部に置いたレイアウトが東アジア随一の大唐国の首都・長安と異なっていたため、新たに平城京を造営したという説もあります。東アジア列強の国々に後れをとらないため、藤原京でなく長安を模した平城京を大急ぎで造ったようで、七一〇年に都が藤原宮から平城宮に移ります。藤原京と平城京間の距離は、本市の庁舎〜県庁とほぼ同じ二十数キロメートルで地形も同様にほぼ平坦です。引っ越し荷物の移動は身の回りのものは陸路で運んだのでしょうが、建築部材などの大型品や瓦などの重量物は飛鳥川〜佐保川〜秋篠川の水運を使用したと考えられます。これらは現在でも、急な流れもなく比較的使いやすい運河のような川ですが、遡上するのは大変だったと思われます。

さまよえる聖武天皇

この時の平城京への引っ越しも大変だったでしょうが、その三〇年後の聖武天皇の時代、天平一二（七四〇）年一〇月から同一七（七四五）年五月までの五年間、平城京を離れ彷徨します。天平一二(七四〇)年に平城京→恭仁京(七四〇年三月〜七四四年二月)、恭仁京→難波宮、(七四四年一二月には甲賀宮)、七四五年正月には難波宮→紫香楽宮へ。七四五年五月には紫香楽宮から平城京へ還都、五年間で五カ所に都が移されます（一二頁地図参照)。七四〇年に九州で起こった藤原広嗣の乱が原因とする説が有力です。また、聖武天皇の血縁側（橘氏＝山城国）と妻・光明皇后の血縁側（藤原氏＝近江国）に関する勢力の影響とする説もあります。

復元された平城宮第一次大極殿

この間の天平一三（七四一）年には恭仁京で国分寺建立の詔が、天平一五（七四三）年には紫香楽宮で大仏造立の詔が発せられます。七四一年、平城京から恭仁京に移る時には、宮の中心的建物であった巨大な大極殿（第一次大極殿）やその周囲の回廊など都の中枢建物も解体して恭仁京に移転しました。平城遷都一三〇〇年記念で復元された大極殿はこの時の建物で、昭和四〇年代の発掘調査で建物の礎石や階段など、すべての石材が持ち去られていたことが判明しています。

都が一カ所に留まることが余りにも短かったため、未完成のうちに移転を繰り返したようです。『続日本紀』によると紫香楽宮では築地塀が未完成で、代わりに幕を張り巡らせましたが元日の儀式は中止された記録も残っています。五年後に平城京に戻ると元の建物群（第一次大極殿院）の位置ではなく、そこから東側へ約百メートルの場所に第二次大極殿や第二次朝堂院といわれる施設群を配置します。

都をすべて移す場合、使える物資はすべて運び利用したようです。屋根瓦や柱や扉などの木材、釘などの金属製品等の建築部材までを運んでリサイクルします。柱や木材などは寸法が違ってしまった、あるいは破損した場合は使用目的を変更して再利用しています。例えば、柱だった木材の中をくり抜いて下水管のように転用したもの、扉材などの平らな木材を井戸枠として再利用したものが平城京や難波京で出土しています。転用の木樋は水洗トイレの配管だったのでは、とも考えられています。宮殿や役所の引っ越しも大変でしたが、そこで働く職員も当然、勤務地変更となります。聖武天皇の彷徨の五カ年間、残務処理で平城京に残った役人もいたのでしょう。また、住民すべてを転居させたとも考えられません。下級役人も含め貴族以外の庶民は、農業従事者であるため農地を放棄して移住することはできません。京内の東西の市も継続して機能したのでしょうか。平城京内には、東大寺や薬師寺、興福寺、元興寺など数百人が所属する大宗教施設が残っているため、生活機能を停止するわけにはいきません。いくら高僧でも、霞を食べていくわけにはいかないでしょう。

なお、空き家になった都でも、残った人々や寺院・施設の安全を確保する警備体制が置かれたことがわかっています。

飛《ひ》耳《じ》長《ちょう》目《もく》

「飛耳長目」とは、情報収集や観察に優れ、ものごとに精通していることの例えとして使われる言葉で、場合によってはそのような書物を指すこともあります。

この言葉を大切にした歴史上の人物に吉田松陰《よしだしょういん》がいます。彼が長州《ちょうしゅう》萩城下の松本村（現在の山口県萩市）に開いた松下村塾《しょうかそんじゅく》の塾生に、幕末に活躍した高杉晋作《たかすぎしんさく》や久坂玄瑞《くさかげんずい》、明治という新しい時代を拓いていった伊藤博文《いとうひろぶみ》や山県有朋《やまがたありとも》がいます。松陰は、塾生に流れが速くなった幕末という時代の中で正確な判断を下すため、「常に情報を収集し物事を鋭敏に観察すること」を説きました。一応は鎖国中でしたが、薩摩《さつま》藩や長州藩などの革新的な藩は、諸外国の動静や幕府の動き、江戸での事件などの情報を独自のネットワークで集めていました。坂本龍馬や勝海舟も時代を読む力を持っていた英傑なのでしょう。

では、一三〇〇年前の律令時代はどうだったのでしょう。この時代、国内外のすべての情報が集められたのは平城宮などの宮都です。国外の情報は現在の外務省的機能を有していた大宰府を経由して伝えられました。また、蝦夷地（東北地方）の情報は多賀城《たが》・胆沢城《いさわ》（岩手県）などの城柵官衙に集められました。城柵とはおよそ七世紀から一一世紀頃まで主に東北経営のために築いた行政施設兼軍事的防御施設を指します。そして八世紀前半頃には、東山・東海・北陸・山陽・山陰・西海・南海道など七つの行政区分と全国道路網が整備されます。これらの道路には、律令「厩牧令《きゅうぼくれい》」に従い三〇里（約一六キロメートル）毎に駅家《うまや》が設置されました。平安時代の法令集『延喜式《えんぎしき》』にはおよそ四〇〇カ所の駅家が設置されていたことが記載されています。

駅家は兵部省の管轄下にあり、駅家が所在する国の正税により出挙が行われ、その利息が駅家の運営費とされたことから、実務的な運営には国司が関与していました。駅馬は大路の駅には二〇疋、中路の駅は一〇疋（東山道は中路）、小路の駅は五疋配置されました。大きな川沿いの駅には駅船も配置されていたようです。駅戸の中でも富豪で経験豊富な者が駅長に任じられ、駅子は雑役が、駅長は課役が免除されました。駅制が施行されてからそれほど月日が経たないうちに、駅馬の目的外使用などがあったことも記されています。いわゆる公用車の私的利用ですね。駅家には厩舎はもちろん、駅使が宿泊や休息、食事をとるための調理場、駅使や馬に必要な物資用の複数の倉庫もありました。馬を乗り継ぎ郡衙《ぐんが》や国府に情報が集められ、さらに平城京や平安京まで数日掛って情報が届けられました。下野国からは、天候にもよりますが、馬をとばせば五日くらいで都に到着できたようです。

たなびく煙!! 急を告げる

日本の古代において、宝亀《ほうき》五（七七四）年から弘仁《こうにん》二（八一一）年まで、蝦夷《えみし》に対して朝廷が行った征討を研究者は「三十八年戦争」と呼びます。この間、玉造柵《たまつくりさく》・色麻柵《しかま》・新田柵《にった》・牡鹿柵《おじか》（いずれも宮城県）や胆沢城《いさわじょう》（岩手県奥州市）・志波城《しわじょう》（盛岡市）・徳丹城《とくたんじょう》（矢巾町）などが造られ、二〇万人以上の人員が前線に送り込まれたと考えられます。

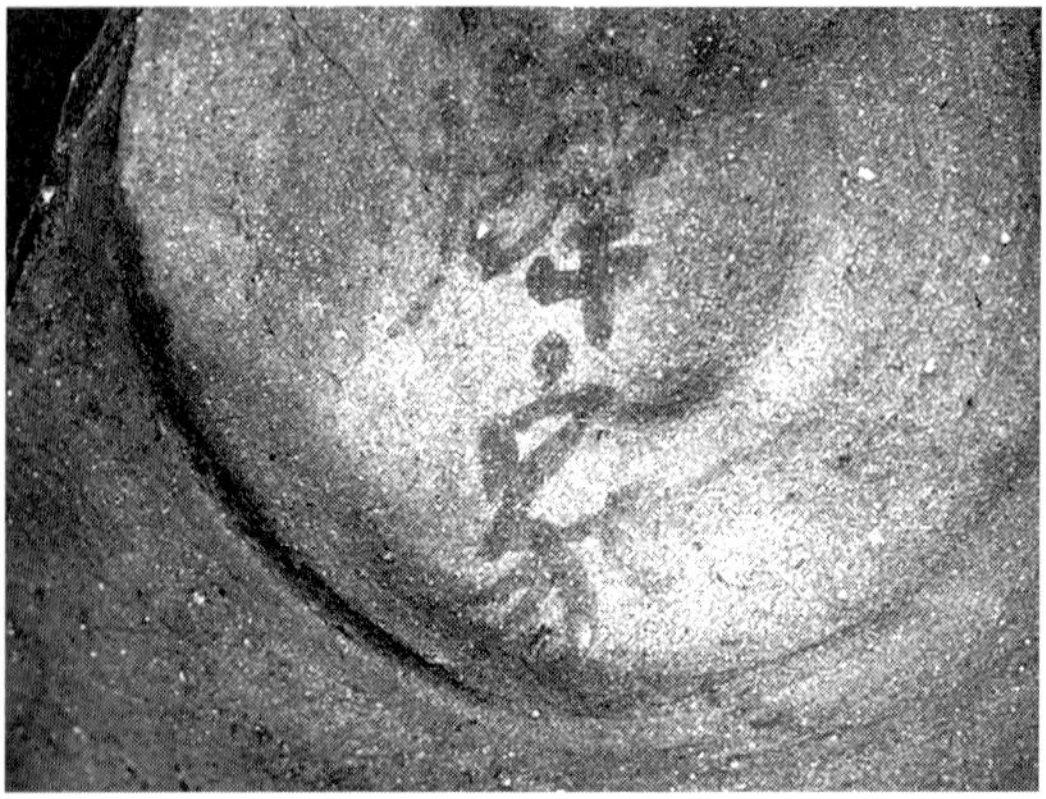

墨書土器「烽家」（所蔵・写真提供：宇都宮市教育委員会）

国分寺中学校の南西部の住宅地には発掘調査で発見された推定東山道跡が久保公園として保存されています。道路（路面）の幅が約一〇メートルで、両側に幅と深さが一メートルの側溝を持つ広い道路跡です。ここを坂上《さかのうえの》田村麻呂《たむらまろ》などの征夷大将軍《せいいたいしょうぐん》や東国各地から集められた兵士や兵糧物資が往来したことでしょう。

県内では古代の通信手段に関する遺構・遺物として、国史跡飛山城《とびやまじょう》跡（宇都宮市）が発見されました。城跡は、鎌倉時代後期の宇都宮氏の家臣・芳賀氏の城館ですが、発

烽火台と関係のある復元された古代の竪穴建物（飛山城跡）

掘調査で城跡の下層から九世紀後半の竪穴建物跡が発見されそこからは「烽家《とぶひや》」と記された墨書土器が出土しました。この資料からここに烽火台《ほうかだい》があったと考えられ、東北地方の城柵に危機が迫ると烽火が上がったのかもしれません。

九州から山陽道の瀬戸内海沿岸の地から大阪・奈良付近にも烽火台を伴う防衛拠点があり、対外政策の危機の際にも烽火があげられる仕組みだったようです。「烽火」は「狼煙」とも書きます。煙や炎を通信手段としたのですが良い煙を出すために乾燥させた狼の糞を混ぜたことが記されています。まさに古代における光通信でした。

古代の国勢調査

現代の国勢調査は、一〇年ごとに本調査、中間の五年目に簡易調査が実施されます。国勢調査（センサス）とは、「調査の行われた年の人口、性別、年齢構成、配偶の関係、就業の状態や世帯構成といった人口及び世帯に関する各種属性のデータを調べる全数調査」のことです。

では、日本列島の各時代の人口はどれくらいの数値だったのでしょうか？ 残念ながら近代以前は推定の域を出ません。大正九（一九二〇）年の第一回国勢調査と比較すると、この百年の人口はおよそ二倍以上増えています。しかし、数年前から国策として重要な問題となるほど人口減少が始まっています。統計では昭和四五年に初めて一億人を超えたこと、三区分（〇～一四歳、一五～六四歳、六五歳以上）の年齢別人口なども資料化されています。そのほか、市区町村別人口増減率、家族類型別割合、産業別就労者の割合なども統計処理されています。

実は古代にも似たような調査が行われました。天智天皇九（六七〇）年に、初めて庚午年籍《こうごねんじゃく》という戸籍がつくられました。この戸籍作成のおよそ一〇年前、倭（日本）と同盟国の百済《くだら／ひゃくさい》が唐と新羅《しらぎ》の連合軍から攻撃を受け、倭は百済の救援に向かいましたが、六六三年に白村江《はくそんこう》の戦いで大敗。外交におけるほころびを修復すべく、倭（日本）は国内における権力の再認識と強力な国家体制下での軍事政策として戸籍制度を導入、徴兵が可能なシステム構築を目指しました。

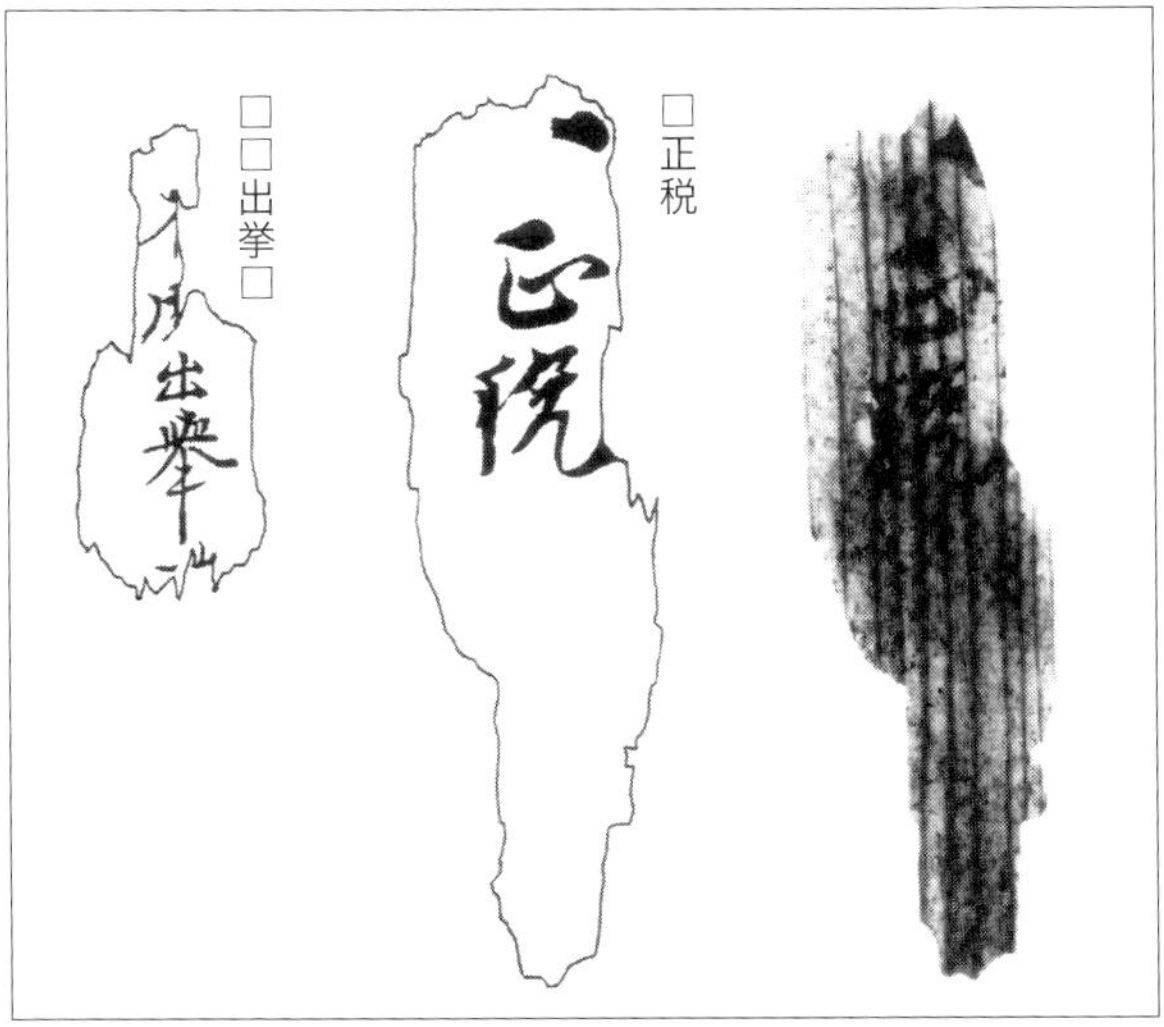

木簡「出挙」と「正税」実測図（下野国府跡出土：栃木県教育委員会蔵）

飛鳥浄御原令が完成した持統三（六八九）年、持統天皇は戸籍の作成と共に成人男子四人に一人の割合で兵士を選び出し、武器の扱いなどを習わせるよう命じています。

下毛野朝臣古麻呂が制定に関わった大宝元（七〇一）年施行の大宝律令では、戸籍は六年に一度作成され、それを根拠に口分田を貸与しました。律令の「令」に戸令二二条に「凡そ戸籍は、恒に五比留めよ。其れ遠き年のは、次に依りて除け」と記されています。「五比」は、五回分ということで、六年に一度作成される戸籍を五回分、つまり三〇年間保管の規定がありました。近年問題となっている公文書の管理をめぐるニュースを古代の役

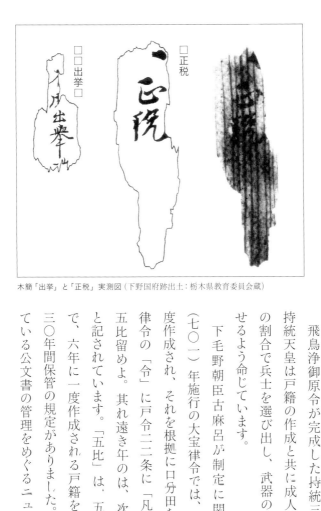

人が聞いたら何て言うでしょう。

古代の戸籍でよく引用されるのが、養老五（七二一）年に作成された下総国葛飾郡大島郷の戸籍で、これは古代の戸籍としては一級の史料です。一級として有名なだけでなく、この葛飾郡の孔王部さんには、「刀良」（とら）という三三歳男性と世帯は別ですが同姓の孔王部さんに「佐久良賣」（さくらめ）という三四歳女性が嶋俣（柴又）付近在住と記載されています。日本を代表する映画の舞台と主人公とその妹の名と同じであることからよく引き合いに出されます。この養老五年下総国戸籍の場合は、保管期間の三〇年を待たずに反故紙として東大寺写経所に払い下げられ、二四年後の天平一七（七四五）年に使用されています。制度の見直しがあった記録はないので、規定を無視して廃棄した役人がいたのでしょう。時代が違っても……なのです。

戸籍の作成は農繁期を避けて一一月から翌年の五月末までに作成するよう規定されていました。作成に必要な紙や筆は、原則として登録される人々が負担することになっており、国司が必要な数量を算出して各戸に均等に供出させることとなっていましたが、実際には必要経費分以上（上乗せもあったかも）を徴収したと考えられています。出来上がった戸籍は同じものを三部作成し、一部は作成した国（国府）で保管し、二部を中央（都）に提出します。中央では一部を民政の管理する部局である民部省に、もう一部は中務省が保管しました（一三頁「律令官制と職掌」参照）。

戸籍ができあがった後の冬期には田地の調査が行われ、その結果を踏まえさらにその翌年の冬には改訂された最新の戸籍に基づいた口分田が貸与されました。このように、六年に一度の戸籍の改訂と田籍の改訂が継続して行われないと律令体制を維持するための収税は成り立ちませんでした。

計帳

日本では、戸籍は六年に一度、唐では三年に一度つくられ、戸籍とセットで税を集めるための台帳「計帳《けいちょう》」は毎年作成されました。これを基に調《ちょう》・庸《よう》・雑徭《ぞうよう》といった諸負担の量が算出されました。調も庸も律令国家税制の基盤となる税で、主に麻・絹などの織物や鉄や銅などの鉱物、魚介類などの水産物や猪の肉なども含まれました。和銅六（七一三）年に元明天皇が諸国に『風土記』の編さんを命じます。これらの地域特産物と『風土記』は非常に関係が深いのです。『風土記』編さんには五つの必須記載事項がありました。国単位で各地域の地名・地名の起源・土地の伝承・農業などの産業に関することや特産物などで、『風土記』をカタログのようにして各地から調・庸として特産品を納めさせたのです。

計帳は毎年六月末までに都では京職《きょうしき》、地方では国司が各戸主に書かせた戸の人員報告書（手実＝自己申告書）を提出させます。これをもとに国郡単位に戸数・口数・調庸物数を集計した計帳（目録・目録帳「大宝律令では国帳」）を作成しました。地方では戸主が自ら自己申告文を書くことができたのでしょうか？　恐らく、各郡の郡司と職員である書生らが里（郷）を巡回して各戸を調査し帳簿を作成したのでしょう。郡司が各郡内で用意した（郷長に用意させた）基礎データ（各戸の個人の名前、年齢、性別）を国司らが管轄下の郡を廻って集め、それにより計帳がつくられたと考えられます。名目上は国司が巡回することになっていますが、実際はどうだったのでしょう？　国司の権威を示すために巡回したかもしれませんが、後に国司が中央から赴任せず在庁官人が現れるので手抜きしたのかもしれません。律令制が緩むまでは、一応八月三〇日太政官必着となっていました。逃亡や浮浪などで行方知れず、防人などで遠方に行っていて不在など何らかの事情で確認できない場合の指示もきちんとあったようです。

税を都まで運搬する（『あづまのやまのみち』より）

現代は、国勢調査指導員（全国で約一〇万人）、国勢調査員（全国で約七〇万人）が、総務大臣任命の非常勤国家公務員として、最後は各戸を訪問し資料回収をおこなっています。

『正倉院文書』からみる計帳

このように古代人の貴重な個人情報である計帳は、わずかですが『正倉院文書』として残されています。残存している記録の大半は、裏面を写経用紙に再利用した計帳作成のための手実《しゅじつ》（自己申告書）です。残念ながら下野国に関する計帳は残されていません。山背国《やましろ》隼人《はやと》計帳を参考に記載内容を推測すると家族の個人名、年齢、年齢による区分、戸主《へぬし》との関係、性別などの後に病状や顔面の特徴などが記載されました。病状は「残疾《ざんしつ》」「廃疾《はいしつ》」「篤疾《とくしつ》」の三段階に区分され、段階によって租税の免除や割引がありました。容姿・顔面の特徴は黒子《ほくろ》がどこにあるのか？　例えば「額黒子」・「頸黒子」・「右頬黒子」などの詳細な記載があり、この記録は租税の滞納や逃亡者などがあった際の指名手配書ともなりました。写真がなかった時代の工夫です。

当時、このように個人ごとの情報を列記したスタイルの帳簿は「歴名《れきみょう》」「交名《きょうみょう》」「夾名《きょうみょう》」と呼ばれました。名前が登録され各人に賦課がかけられる収税方式が採用されて以降、収税を逃れるため戸籍に登録された土地から逃げ出す者が続出しました。宝亀三（七七二）年四月に道鏡が没しますが、この年の一〇月に下野国から百姓（庶民の意味。当時は戸籍に登録されている庶民は農業経営者なので実質は農業従事者ですが近世の農民を指す用語とは異なります）八七〇人が陸奥国へ集団逃亡したという報告が都に提出されています。陸奥国白河関（福島県白河市）以北はいわゆる蝦夷の土地で情勢不安定でした。陸奥国と下野国が連携して逃亡者を確保して下野国へ送還していますが、何名戻ったかの記載はありません。

『続日本紀』には宝亀四（七七三）年二月六日、下野国（国庁）の正倉一四棟に入っていた穀（納税された米）二万三千四百余斛が焼失したという記事があります。納税者が逃亡し、管理不十分で収税した米の倉が燃えてしまった国庁の役人にはどのような処罰が下ったのでしょう。律令制度開始から五〇年も経過すると各地で律令制度の矛盾が見え始めてきます。

一〇世紀には一部で口分田班給が行われなくなり、戸籍には男性より税の軽い女性の名が不自然に多くなり、また、男性でも賦課のかからない高齢者の比率が多くなり、明らかに嘘の申告がなされ、導入から約二〇〇年で戸籍・計帳の制度は崩壊しました。

残念ながら下野国の実状をひも解く戸籍や計帳は残っていませんが、下野薬師寺に深く関する人物の計帳としての一級史料が『正倉院文書』として残されています。

この史料は、平城京右京三条三坊に居住の従六位上於伊美吉子首（七九歳）の戸から提出された手実（申告書）で、最後に記されているように天平五年七月十二日に子首の息子伊賀麻呂が下野薬師寺に下野国薬師寺造司工として単身赴任している戸主の子首に代わって文を進《たてまつ》っています。先に記したように手実の提出は六月三〇日締め切り厳守のはずです。下野国だったら大変なことだったのでしょうが、戸主も不在で都の中のことなので大目に見てもらえたのでしょうか？

右京三条三坊
戸主於伊美吉子首手実　天平五年
去年計帳定良賤口拾伍人男六　奴四人
女四人　婢一人
今年計帳見定良賤大小口拾伍人
不課口拾肆人
男伍人　一人六位　四人小子
女肆人
賤口伍人　奴四人
婢一人
課口壱人
見輸壱人　正丁
課戸主従六位上於伊美吉子首、年漆拾玖、下野国薬師寺造司工
嫡子於伊美吉子豊人、年拾肆　小子
男於伊美吉伊賀麻呂、年肆拾漆、　正丁　左下唇黒子
女於伊美吉酒刀自売、年参拾弐　正女　左頬黒子
伊賀麻呂男於伊美吉足次　年拾陸　小子鼻上黒子
男於伊美吉石次　年拾壱　小子
男於伊美吉馬養、年捌　小子
女男於伊美吉古阿麻売　年弐拾　小女　頸左黒子
寄口市往刀自売、年肆拾参　正女
弟往伊毛売　年陸参拾弐　正女
戸主奴大伴、年陸拾参、　和銅七年逃
奴尼麻呂、年陸拾壱、
奴黒栖、年捌、
奴小黒栖、年漆
婢乎売、年漆拾参　和銅七年逃
（別筆）
正丁一　天平五年七月十二日文進伊賀麻呂
百二十　紙二　令大初位下尾張連牛養　勘守部小床（一四八一〜四八三）

『正倉院文書』に残された於伊美吉子首の戸から提出された手実（書き起こし文）

戸主の子首は、七九歳で従六位上という位を持っています。工人でこの位はかなりの高位となりますが、七三三年に七九歳ですから一五歳位から約六五年間工人を続けていたとすると六六八年頃から作業していることとなります。まさに藤原京の造営、平城京の造営など巨大プロジェクトに係わる仕事をしてきたと考えられます。この子首さんは八位以上の有位者なので納税は免除でした。また、六六歳以上でもあり、いずれにしても納税免除対象者でした。奴の大伴と婢の乎売は、一九年前の和銅七（七一四）年に逃亡。以来、見つかっていないようです。「紙二」とあるのはこの戸の計帳用紙の負担枚数のようです。

東の飛鳥

―コラム③―

東へ西へ

大宝律令の規定では、「戸籍」は六年に一度、課税台帳の「計帳」は毎年の作成が義務付けられ、これらは各国ごとに国府で作成され都に送られました（一五頁参照）。ここで「送られました」と簡単に書きましたが、どれくらいの業務量があったのでしょう。「四度使」という用語があります。これは年間四回、国司の職務にある者（守・介・掾・目）が交代で都に文書を持参した際の使者を指す用語です。持参する文書は、戸籍や税に関する文書以外に「朝集帳」という国司や郡司（大領・少領・主政・主帳）などの地方に勤務する官僚の勤務成績をまとめたものもありました。すべての書類は、全国統一の書式にまとめることが義務づけられていました。また、各帳簿にはその根拠となった補助簿の提出も義務化されていました。

国司と郡司は地方官として近い存在に感じますが、国司と郡司の実務能力には格段の差があり、国府の役人には字が上手、確実な計算能力などのスキルが要求されました。国司はこれらの文書を持参し都に上りますが、郡司たちは「綱領郡司」として各郡から徴発した運脚をつれて「調」（絹・布などの繊維製品、水産物などの食品、鉄地金、鍬などの製品）、「庸」（布、綿、米、塩）を運びました。国は都との距離により近国・中国・遠国に分けられ、下野国は遠国のため行き三四日、帰り一七日の行程で、納期期限は一二月と決まっていました。運脚は二十一～六十歳までの成人男子（正丁）の中から選ばれ、上記の物品を背負っていきました。往復の旅費は運脚を出す納税者単位ごとに均等負担でした。また正丁は防人か運脚、場合によっては東北への派兵か荷駄隊として動員されました。

第4章 — 昔も今も

THE EAST OF ASUKA

古代の経済活動

古代の藤原宮や平城宮で働く役人にも「季禄《きろく》」とよばれる一種のボーナスがありました。こうした制度も下毛野朝臣古麻呂たちが中国（唐）の制度を用いてまとめた大宝律令などに規定されています。季禄は年に二回、二月と八月に支給されました。支給は銭でなく、絁《あしぎぬ》（布）・綿・布・鍬《くわ》・糸・鉄といった六品目で、支給額は位階などによって異なりました。蓄銭叙位令《ちくせんじょいれい》が出された和銅四（七七一）年頃、季禄の一部を和同開珎《わどうかいほう（ちん）》で支給するようになったという説もありますが、基本的には物品の支給が続きました。米以外の各地の特産物も税として中央に収められ、これらは季禄の六品目として使われ、貨幣同様単価が定まっていたので、等価交換が可能な物品でした。そのため役人たちは、役所で支給された季禄の品々を持って市場に出向きそこで必要な物品と交換しました。

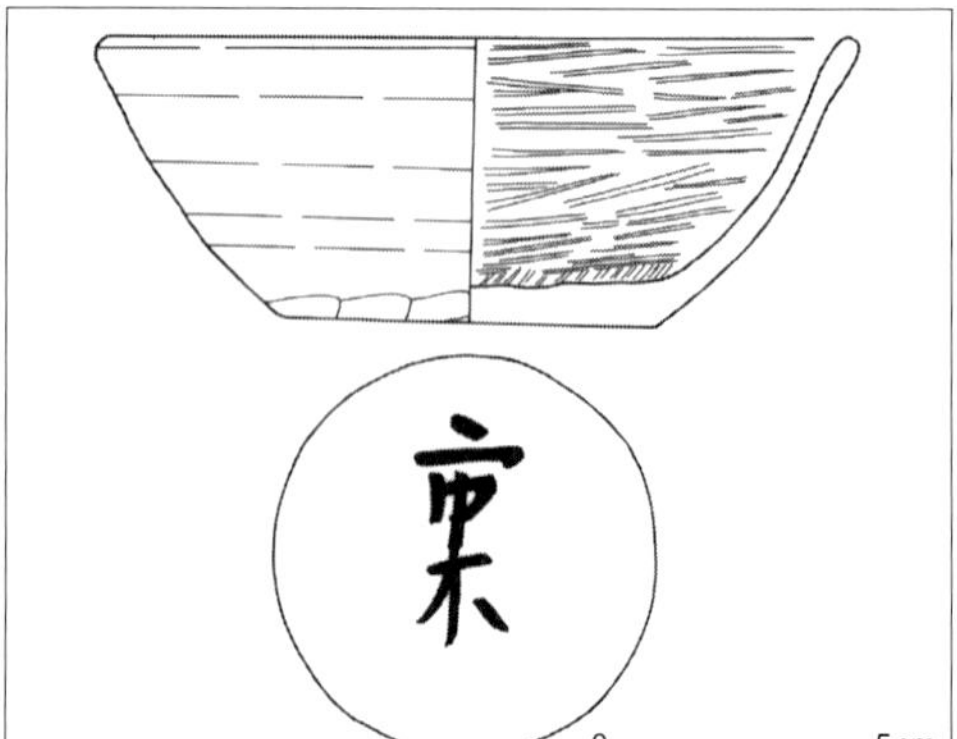

墨書土器「市木」実測図（薬師寺南遺跡出土）

平城京や平安京には西（右京）と東（左京）に市場があったことがわかっています。地方でも国府や郡衙、国分寺などの公的施設のほか、主要道路が交差するような「衢《ちまた》」に「市」が立ったようです。市内では、昭和五〇年代の新四号国道建設工事に伴い調査された、薬師寺南遺跡から「市木《いちき》」と記された墨書土器が出土しています。推測ですが下野薬師寺の南側に門前市のような空間があったのかもしれません。『日本書紀』や『万葉集』には、八世紀以前の市として「海柘榴《つば》市《いち》」「阿斗桑市《あとくわいち》」などの木の名前を付けた市があり、市場の中央には大きな椿や桑の木があったと考えられています。古くから日本には自然信仰があり、大木には神が宿ると考えられ、大木を祀る信仰とともに人々が集まる市が存在したかもしれません。

発掘調査では土器などを手掛かりに古代の流通を復元しますが、本市域にある奈良・平安時代の遺跡から出土する土器類のうち須恵器は、三毳山麓《みかもさんろく》（栃木市・佐野市）や益子町のほか、筑波《つくば》山麓南西部《さんろくなんせいぶ》や茨城県古河市（旧三和町）付近で生産されたものです。このほか、東海地方で生産された緑釉《りょくゆう》・灰釉《かいゆう》陶器、和同開珎や富寿神宝《ふじゅしんぽう》など都で鋳造された貨幣も周辺で出土しています。井戸跡からは西日本のみに分布する「イスノキ」製の櫛も出土しています。現代の私達が想像している以上に多くの人々や品々が行き来していたのかもしれません。一三〇〇年後の現在、古代の市が存在したであろう薬師寺南遺跡付近に立地する道の駅しもつけが賑わっているのは決して偶然でないでしょう。

結婚相手を探すなら筑波山

筑波嶺の裾廻《すそみ》の田居に秋田刈る妹がり遣らむ黄葉《もみじ》手折らな（高橋虫麻呂『万葉集』巻第九・一七五八）

訳：筑波山の山裾の田んぼで秋の刈入れをしている娘、あの娘のもとに贈る黄葉の枝を折ろう。

今回は、下野市から東方に見える筑波山の話。筑波山は下野市界隈《かいわい》から見ると北側に男体山（標高八七一メートル）と南側の女体山（標高八七七メートル）の二つの嶺の形が良く見えます。古代から神様の宿る山として、富士山と共に東国を代表する山でした。現代でも筑波山神社のほか、磐座《いわくら》と呼ばれる神様が降臨すると考えられた大きな岩があり、その周辺からは古代の土器の破片などが出土します。

下野市から筑波山までは、直線で約四〇キロメートルの距離です。自動車ならば一時間程度で麓まで行けますが、歩くとどのくらいの時間がかかるのでしょう？　以前、ＪＲ石橋駅付近からおよそ六〜七時間程で行き着くことができたと聞いたことがあります。古代の道路事情や靴などの

筑波山（中央：下野市仁良川で撮影）

装備を考えるとこれ以上かかったかもしれませんが、もしかすると古代人のほうが健脚で、早く到着できたかもしれません。

古代下野国の東隣りの常陸国に関しての記録『常陸国風土記』の中の「筑波郡、茨城郡」の項目には、「坂（足柄《あしがら》・碓氷《うすい》の坂）」より東国諸国の男女が、春の花開く時と秋の紅葉に時期に飲食品を携行し、連れ立って筑波山の麓に集まり、飲んで食べて歌って踊る「歌垣《かがい》※」に参加したことが記されています。歌垣は神の宿る山や泉の湧く水辺などで開催されたようで、各地域でも広く同様のイベントが行われていたようです。古代の奈良、大和盆地南部の三輪山の近くの大神神社のそばに「八十《やそ》の衢《ちまた》」と記された古代最大の繁華街「海石榴市《つばいち》」があり、ここでも歌垣が行われていた記事が『万葉集』に残されています。海石榴市は、山辺道《やまのべのみち》・磐余山田道《いわれのやまだみち》・上ツ道《かみ》・泊瀬道《はつせ》・横大路《よこおおじ》などの古代主要道路が交わり（三一頁地図参照）、初瀬川の水上交通拠点も近くにあったことから水陸の交通の要衝だったようです。人々が集まるとそこには物資が集まり、臨時の市が立ち、情報が伝播し、さらに新たな交流が生まれました。筑波山麓も海石榴市の歌垣も当時としてはかなり広範囲の人々が集まる一大イベントだったことがわかります。

東国から遠く離れた現在の佐賀県のことを記した『肥前国風土記』にも「郷閭《むらさと》の士女《おとこおんな》、酒を提《たずさ》へ琴を抱きて、年ごとの春と秋に手を携えて（杵島）山を登り、楽しく飲み歌い舞って……」と記されています。さらに、「急傾斜な山を登る際には、斜面の草を握らずに一緒に登る「妹」（恋人・妻）の手を握る……」とあります。現代のハイキングやトレッキングのようなイベントは、千年以上前から年頃の男女の出会いの場であり、今風に例えれば「合コン」のようなことが行われていた訳です。

一説によると、本場アメリカのバーベキュースタイルは、現在日本各地で行われているものとかなり違って、家族や友人などの近親者たちと行われますが、日本では、家族団らんよりも、若い男女の出会いの場のひとつとしてアレンジされているようです。

ところで、天武四（六七五）年四月、天武天皇は「肉食禁止の詔」を発して「牛、馬、犬、鶏、猿」の肉を食べることを禁じています。しかし、鹿と猪は禁止されていません。古代の人たちも通常は禁止されている酒を飲み、肉を食べたのでしょうか？　その後も天平一三（七四一）年、天平宝字二（七五八）年、大同四（八〇九）年など、数回にわたって殺傷禁止令が出ています。仏教信仰の普及との関係が背景にあるように思えます。

古代東国や九州は都から遠く離れ、文化不毛の地と思われがちですが、庶民はたくましく生活していたことがわかります。この歌垣の時、会話するだけでなく「歌」を相手に贈ります。その歌を相手が気に入ると歌が返ってきます。そのやり取りで相手の人となりや気持ちを図り、恋人や配偶者にふさわしいかどうかを判断したようです。現代でも中国南部からインドネシア・フィリピンなど世界中の幾つかの地域では、このような風習が残っているようです。

飛鳥時代には舒明天皇が、天香久山から眼下の山々や田畑を見下ろし「国見」をしました。この時、「(前略）うまし国ぞ　秋津島　大和の国は」（なんと実り豊かな良い国なのだろう大和の国は）と詠まれています。この儀式の後、皇族や貴族たちは宴会をし、飛鳥の庶民も「歌垣」の開催が許されたことでしょう。

皇族や貴族の宴会は、屋外でもさぞや豪華なメニューだったことでしょう。でも、教養のある貴族同士では、歌が下手で、返歌が無かったりすると狭い人間関係の集合体でしょうから、すぐに噂が広がってしまい、かえって庶民より格好が悪かったのかもしれません。

七夕あれこれ

星に願いを

笹に願い事を書いた短冊を下げる年中行事「七夕」の起源には様々な説があります。元々は古代中国の風習で、飛鳥時代頃に日本に伝わり、それまでの日本の風習と入り混じった行事と考えられています。起源とされる説は、大別すると三つになります。（ⅰ）古代の中国で「乞巧奠《きこうてん》」と呼ばれる読み書きが上手になる、芸能が上達することを願った風習。（ⅱ）やはり中国の風習で、農作業の時期を知るための星の観測から生まれた「星伝説」。（ⅲ）古くから日本で神様に布を捧げる女性を信仰した「機織」の風習と言われています。市内の甲塚古墳からは機織りをする埴輪が二基出土しています。当時の新型織機を表現しているものは、髪型と胸から女性と判断できます。もう一つの旧式の織機を表現している方は、人物の部分が欠損しているため織手の性別はわかりません。現在も布を織る行為は神聖な作業として伊勢神宮で受け継がれ、天照大神にお供えする

「神御衣《かんみそ》」は絹の「和妙《にきたえ》」を女性が、麻の「荒妙《あらたえ》」は男性の織子が織っているようです。

連れ戻された織姫

七夕に関係のある歌が『万葉集』には一三〇首以上残されていますが、その多くは男女の恋愛に関する内容のようです。歌人の中でも著名な柿本人麻呂は、次のような歌を残しています。「天漢 梶音聞 孫星与織女 今夕相霜」（巻一〇・二〇二九）。意味は「天の川に彦星が舟をこぐ音が聞こえます。今夜、彦星と織女は会うのですね」となります。一読すると彦星と織女のロマンスと読み取れます。しかし、ご存じの方も多いかも知れませんが、実はこうなったのには深い事情があります。

「天の川の東岸に住む織女（棚機女《たなばたつめ》）は天帝の娘で、父である天帝の衣を織るためずっと機織りに打ち込み他のことは見向きもせず、その様子を憐れんだ天帝が西岸に住む働き者の牽牛《けんぎゅう》に嫁がせることとしました。二人は恋仲になるとそれまでとは一変して全く仕事をしなくなりま

機織り（『那須の歴史と文化』より）

す。天帝は激怒して織女を連れ戻します。連れ戻された織女が余りにも嘆き悲しむので毎年一度、七夕の夜だけ会うことを許しました」。これは、今から約二〇〇〇年前に書かれた『荊楚歳時記《けいそさいじき》』に記されているストーリーです。この物語では、織女は天帝の娘となっています。『古事記』の記事では「天の服織女」、『日本書紀』では「弟織女《おとたなばた》」と読ませています。この「弟織女」が最古のタナバタ表記のようです。残念ながら「棚機女」は出てきません。

七夕悲喜こもごも

本市近隣の悲しい七夕伝説をご紹介します。戦国時代の終わり頃、小山市の祇園城（城主・小山政種）は後北条方でした。秀吉による小田原城攻略の際、濃霧に包まれた祇園城の見張りの兵は、周辺の畑で栽培されていた「もろこし」の穂先を敵兵の槍の穂先と見間違い「もはやこれまで」と落城。その時、北条氏から嫁いできた姫は、井戸に身を投げ自害したという伝説が残っています。それからは旧小山領内の人々は「もろこし」も栽培せず、また、落城の日が七夕の日だったことから七夕の飾りつけも行われなくなったという伝説があります。

しかし、秀吉軍の一連の小田原攻めの中に祇園城が攻撃された事実はないとも言われています。有名な攻撃先は、映画「のぼうの城」にもなった忍城《おし》（埼玉県行田市）です。史実はわかりませんが、この映画では石田三成は合戦ベタに演出されています。祇園城は城主がとても怖かったためか、見張りの人が敵と城主からの恐怖心に駆られ慌てて判断を誤ったようです。

七夕と盆行事

日本では、七夕も節句の一つになります。「人日は七草の節供、上巳は桃の節供、端午は菖蒲の節供、重陽は菊の節供など」のように、節句と季節の植物は深い関わりを持ちます。平安時代の七夕には「撫子合わせ」が行われ、室町時代には「花合わせ」となり、この行事は後に「七夕立花」と呼ばれました。この「七夕立花」が生け花の発祥になったという説もあるようです。また、ほかに七夕は盆行事の一環としての意味合いもあると記されています。盆行事に合わせて、先祖の霊を祀る前夜祭として、七月七日に人家から離れた機屋で乙女が神を祀り、七夕送りを行なって穢れを神に託して祓ってもらう、いわゆる物忌の行事だったとも。この時、畑の収穫物をお供えしたとあり、水田耕作の稲作が定着する以前の畑作物（麦・稗・粟・芋・豆）、いわゆる日本古来の作物とともに奈良・平安時代に伝来した胡瓜を馬、茄子を牛に見立ててお供えしたと考えられています。この風習が後に〝お盆〟の風習になったとのことです。現代では、このキュウリの馬とナスの牛は、「祖先の霊が来るときは馬に乗り早く戻り、帰りは名残惜しくゆっくりと牛に乗って」と言われていますが、中世以降、馬も牛も大切に育てられた家畜＝資産であることから、この野菜の馬と牛は、亡くなった家畜の代わり（形代）だったとも考えられています。

星宮と機織り

もう一つ調べていて面白いことが分かりました。本市周辺に多くお祀りされている星宮・星の宮・星ノ宮神社は、東北から九州まで分布していますが、日本中の最大の分布域は当地域なのです。祭神とその謂れは様々で、県内では妙見・虚空蔵菩薩や石裂・根裂神が多く、日光山の修験との関係が指摘されています。また、縁起の中に藤原一族との関係も記されており、空想の域を出ませんが古麻呂と藤原氏の関係なども想像すると面白いと思います。

大阪府池田市にある伊居太《いけだ》神社（明星大神宮）の社伝には、古代中国から渡来した二人の織姫と星に関する伝説が残されています。「仁徳天皇の時代、わが国の織物技術が十分でなかった頃、中国から漢織・呉織という名前の二人の姫が池田に渡ってきました。二人の姫は夜遅くまで明かりも付けず、一生懸命に機織りをしていると多くの星が天から降りてきて、織殿を真昼のように明るく照らしてくれました。星のおかげで綺麗な絹の綾錦を織ることができたので星をお祀りしました。」また、伊居太神社には漢織姫が、呉織姫は呉服神社に祀られており、市内には「染殿井」と呼ばれる二人の姫が織物の糸を染めたという伝説の井戸も残されています。織物を呉服と呼んだこととともつながりますが、渡来人と機織り（姫）、星宮神社などがつながる興味深い事例です。

食と健康と

「一杯は人、酒を飲む、二杯は酒、酒を飲む、三杯は酒、人を飲む」

この言葉は、寛政九（一七九七）年に備後福山藩（現在の広島県福山市）士の儒学者太田全斎が編さんした国語辞書『諺苑《げんえん》』に掲載されている、お酒の飲み過ぎを戒めることわざです。

市立しもつけ風土記の丘資料館には、古代の食事に関する模型があり、庶民の食事セットには「糟湯酒《かすゆざけ》」があります。これは『万葉集』の山上憶良《やまのうえのおくら》が詠《よ》んだ「貧窮問答歌《ひんきゅうもんどうか》」がモデルとなっています。「問答歌」には、雪混じりの雨の寒い日に、固まった塩を舐《な》めながら「糟湯酒」をすすっている侘《わび》しい様子が記されていますが、「問答歌」の解釈も研究の進展と共に変わっています。では、この時代の酒はすべて「糟湯酒」だったのでしょうか？

平城宮では、直径一・五メートル前後の杉の巨木を刳り抜いた井筒を据えた六角形屋根の大井戸や麹室と考えられる小さな竪穴建物跡、大甕を二十個以上並べた醸造用の建物跡と推測される遺構が発見されました。この付近から、「造酒司」の役所名や「酒米」「赤舂米《あかしゅんまい》」などの原料、「酒」「酢」などの製品名を記した木簡が出土したことからこの付近が「造酒司《みきのつかさ》」と呼ばれる酒や酢《す》を造る役所ではないかと考えられています。

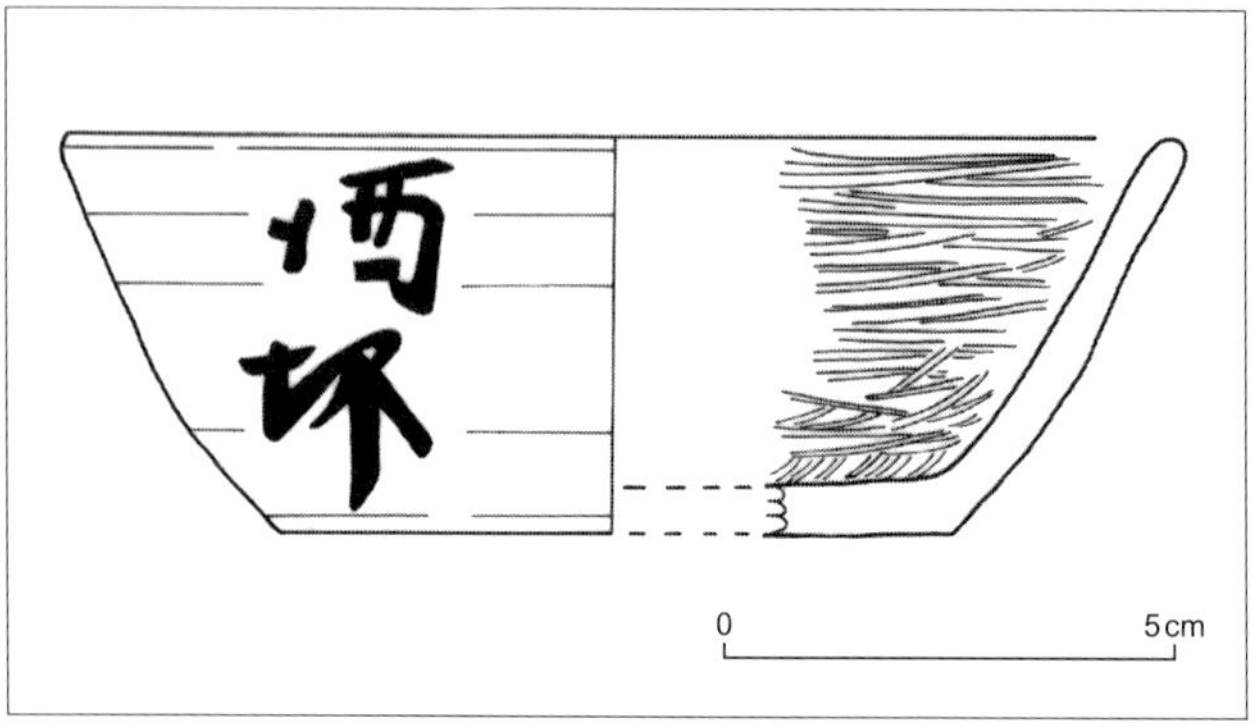

墨書土器「酒坏」実測図（山海道２号遺跡［下野市］出土）

奈良時代の酒には、幾つかのランクがあったようです。原酒の上澄みを布で濾《こ》した清酒《すみ》・浄酒《じょうしゅ》とどぶろくのような濁酒《にごりざけ》があったとされています。清酒と言っても現代の清酒ほど透明に澄んでいたとは考えられません。平城京の写経所勤務の下級役人は、三日に一度酒を支給してほしいと待遇改善要求をしています。問答歌のように庶民はさらに下のランクの酒樽に残った酒粕《さけかす》を湯で溶いて飲んでいたようです。

六十余国に置かれた国府に勤務する国司は、昼は「部《ぶ》内巡《ないじゅん》行《こう》」という各郡の役所や主な集落などを巡る視察を行い、夜は宴会となりました。天平九年の「豊後国正税帳」には、宴会の酒は守・掾・目は人別一升《いっしょう》、史生は人別八合《はちごう》と配給量が記されています。また、視察時に役人が使用する食器は国府から視察先へ運ばれたようで、多功南原《たこうみなみはら》遺跡では器の底部外面に「国厨《くにくりや》二」（国府の厨房《ちゅうぼう》用備品番号二？）と墨書されたものが出土しています。この食器は大量生産品の須恵器《すえき》のため、随行した一般職員用かもしれません。国司などの上位者は愛知県周辺で生産された緑釉《りょくゆう》・灰釉陶器《かいゆうとうき》を使用したようで、下野国府からは灰釉陶器の皿の底に「介《すけ》」（次官級）の墨書があるものも出土しています。

また、多功南原遺跡からは、春や秋に田の神を祀《まつ》る祭事《さいじ》などで使用したと考えられる一括廃棄された約百個の土器が氷室と想定される穴から出土しており、この中の二点に「酒坏」と墨書されたものがありました。庶民は祭りや儀式以外の日常では飲酒が禁止されていましたが、なかなか守られなかったようです。

古代に高血圧症の人はいたのか？

少ない方がいい数字は交通事故と病気の患者数ですが、生活習慣病の中でも高血圧と診断された方は身近に多くいます。日本人の高血圧の原因の一つに塩分のとり過ぎがあげられています。

では、古代の日本人はどのように食塩を摂っていたのでしょう？　土器が作れない一万数千年以上前の旧石器時代人は塩をどのように摂取したのでしょう？　日本にはありませんが、ヨーロッパなどでは岩塩が採れることからネアンデルタール人などは、岩塩を舐めていたのかもしれません。

縄文時代（三〇〇〇～四〇〇〇年前頃）になると茨城県の霞ヶ浦沿岸でも土器で海水を煮詰め

て塩作りを行っていました。海水の塩分含有量は約三％で、塩を得るには九七パーセントの水分を蒸発させるため延々と煮詰め、水分が蒸発して塩分が三五パーセントになると結晶化します。

製塩用の土器は、皆さんが博物館などで観る文様や飾りの付いた土器とは全く異なります。縄文人も塩生産の効率を考えたようで、製塩土器は概して薄く小さく粗雑なつくりです。土器の中で結晶化が進むと土器の内面はひび割れたり剥離したりします。外側は煤により黒焦げになります。

飛鳥・奈良時代でも土器で海水を煮詰める方法が採用されていましたが、『常陸国風土記』には、信太郡浮島村で「居《す》める百姓は塩を火《や》きて業《なりわい》と為す」。行方《なめかた》郡板来《いたこ》の村では「其の海に塩を焼く藻・海松《みる》・白貝《おふ》・辛螺《にし》・蛤《うむき》、多《さわ》に生《お》へり」と記されています。『万葉集』にも「塩焼く」という記載は多く、「藻塩法」と呼ばれる海藻を使った製塩が行われていたようですが、焼かれて灰となった海藻は遺物となり難く、考古学的にその作業方法を復元するのが難しいようです。

このほか、奈良時代に揚浜《あげはま》式塩田《えんでん》製塩を証明する遺跡が一九九〇年に富山大学と石川県考古学会の共同発掘調査で発見されています。場所は石川県羽咋《はくい》市の滝・柴垣海岸Ｅ・Ｆ遺跡で、海岸の塩田と共に海水を煮詰める鉄釜用の大型の炉跡が確認されました。揚浜式とは人力で海水を汲んで塩田に撒き、塩分の濃くなった砂を集めて木の箱（沼井《ぬい》）に入れ、更に海水を注ぐと箱の下から濃くなった塩水が出て、高濃度の塩水を鉄釜で煮詰めて製塩する方法です。宮城県塩釜市の鹽竈神社には直径約一メートルの大きな釜が残されており、現在でも伊勢神宮「御塩殿神社」で

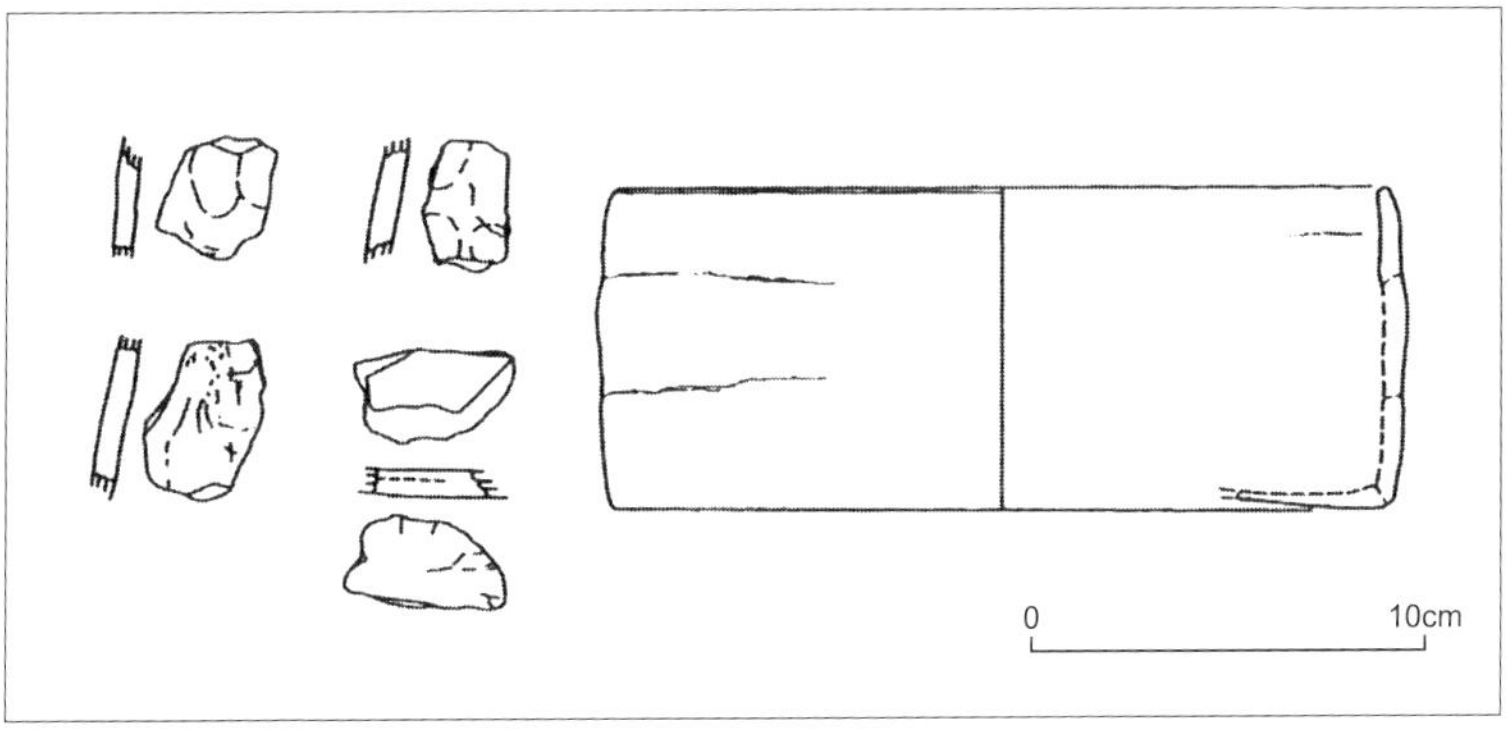

製塩土器実測図（左：下野国分尼寺跡出土、右：多功南原遺跡出土）

は古代のような方法で神様に捧げるための塩を作っています。

このように沿岸では各時代の製塩遺跡が発見されていますが、内陸の栃木県では塩は作れません。しかし、下野市内や周辺の奈良時代の遺跡からは、製塩土器が出土します。下野国分尼寺跡の発掘調査では、九世紀後半の竪穴建物跡から製塩土器の破片が出土しています。恐らく寺院の中心域北側には、寺を修理する「修理院《すりいん》」や「木工所《もくどころ》」などの営繕施設があり、ここで労働する人々の食事を作っていたのかもしれません。土器の特徴から現在の茨城県の太平洋沿岸で製作された製塩土器と考えられます。下野薬師寺跡周辺でも同様の破片が出土しており、古代でも一定の流通形態が整備されていたと推定されますが、江戸時代、赤穂の浅野家、三河の吉良家、千葉の行徳など、藩による専売制や明治三八（一九〇五）年以降塩の専売制度があったように塩はとても貴重な品物でした。また、現代人と違って肉体労働を常とした古代の人々は、現代人のように塩の摂取過多で高血圧になる人はいなかったかもしれません。

災害を記録する

古代からのレポート

二〇一七年は梅雨明け後に曇天が続き、「観測史上初めて」、「五〇年に一度」などの表現が頻出する異常気象に見舞われた夏でした。また、ちょうど同じ頃、九九年ぶりとなるアメリカ大陸横断皆既日食の報道がありました。

飛鳥から奈良時代の記録である『続日本紀』には、様々な天候不順とそれに対する対応策の記事が記されています。慶雲二（七〇五）年四月三日には、文武天皇が次のような詔を下しています。

「朕（私）は徳の薄い身でありながら、王公の上に位している。天を感動させる程の徳も無く、人民に行きわたらせる程の仁政もできない。そのためか陰陽の調和が崩れ、降雨と日照りが適切でなく穀物の作柄が悪く、人民は飢え苦しんでいる。これを思うと心が傷む。五大寺（大安寺・薬師寺・元興寺・弘福寺と四天王寺か山田寺のいずれか）で、『金光明経《こんこうみょうきょう》』を読ませ人民の苦しみ

土馬（イラスト）

を救わせたい。天下の国々に今年の出挙《すいこ》の利息を免除し、あわせて庸（税）の半分を減らすよう命令する」と、秋の収穫の半年も前の四月の段階で既に税を半分免除することを決めています。

さらに六月二七日の太政官の奏上によると「この頃、日照りが続き田や園地（畑）の作物は葉が焼けてしまい、育たず、長らく雨乞いをしても恵みの雨が降りません。どうか都や畿内（近畿地方）の行いの正しい僧たちに雨乞いをさせると共に藤原京の南門を閉じて市場の店の営業を自粛し、雨が降るように謹慎したいと思います。」と早魃の記録。その数行後の七月二九日には、大和国（奈良県）で大風が吹き民家が損壊した記録。次の行の八月一一日には、文武天皇が次のような詔を下しています。「陰陽の調和が崩れ、日照りが一〇日以上も続いている。人々は飢えに苦しみ、そのため罪を犯し法に触れる者も現れている。そこで天下に大赦を行い人民と共に心を新たにしたい。死罪以下の者は、罪の軽重に関わらずすべて無罪とせよ。老人、病人、孤児などの社会的弱者のような自活することができない者には、程度に応じて物を恵み与えよ（中略）また、諸国の調（みつぎ＝税）半分を免除することとする。」この年の一〇月二六日にも社会的弱者とされる高齢者や病人・孤児などに物を与え、税を半減した記録があります。

慶雲三年二月一六日の報告には河内、摂津（大阪府周辺）、出雲（島根県）、安芸（広島県）、紀伊（和歌山県）、伊予（愛媛県）の七か国で飢饉が発生。四月二九日の報告でも河内、出雲、備前（岡山県）、安芸、淡路、讃岐（香川県）、伊予の諸国で飢饉発生。六月一日には日蝕。四日には京・

畿内に命じて管内の名山や大川で雨乞いの儀式を決行。七月二八日、大宰府からは「管内の九国（筑紫・筑後・豊前・豊後・肥前・肥後・日向・大隅・薩摩）と三島（壱岐・対馬・種子島）では、日照り、大風で樹木がなぎ倒され穀物にも損害が出ています。」という報告のため使者を派遣して調査。罹災の内容に応じて調（税）と傜役（労働力提供の納税）を免除している。一二月一日には日蝕。この年の最後の記事には、「この年、全国で疫病がはやり人民が多く死んだので、初めて土牛（土馬《どば》）を作って追儺《ついな》（一二月晦日の大祓《おおはらえ》＝厄払いの儀式）を行った」と記されています。

この土馬は、馬の形をした素焼きの土製品で、大きさは一五～二〇センチメートル程度のものです。この馬については、幾つかの用途（使用目的）が想定されています。一つは旱魃《かんばつ》の時に雨乞いの祭りに牛や馬を殺してお祭りしたようですが、時折、殺生の禁止令が出ています。実物の牛馬の代用品として土の牛馬がつくられたと考えられています。もう一つは、災害や疫病をもたらす悪い神を馬に乗せて、穢《けが》れとともに水に流す。と考えられたという説があります。

関東地方の遺跡では、この土牛や土馬とかの出土例があまりなく、馴染みが薄い遺物ですが、平城京や平安京などでは堀川や道路の側溝、水路のようなところからまとまって出土します。県内では、下野国府跡で、「斎串《いぐし》」と呼ばれる棒状の祭祀具と共に舟や鳥を模った木製品が出土しています。

木製品は腐ってしまいますが、土製品は残ります。国府や官衙、集落の調査を多く行っていますが、土馬が出土していないことから推測すると、この辺の人たちは土馬を使う祭祀は行われなかった（知らなかった）可能性があります。

慶雲三年の六年後の和銅四（七一一）年六月二一日の記載には、元明天皇が次のような詔《みことのり》を下したことが記されています。「去年（和銅三年）は長雨があって麦の穂はすっかり傷んでしまい、今年は夏の日照りで稲田の多くが損なわれた。このような目に遭う人民を憐れに思い、朕（私）は天を仰いで嘆いているが、今、恵みの雨が降ったことは、あらゆる祥瑞よりも勝ることである。朕は人民と共に喜び、一緒に天の恩恵に感謝しよう」。

昔も今も人びとの生活は天候に大きく左右されたことが、古代からのレポートで知ることができます。

無常

阪神淡路大震災、東日本大震災、熊本地震、秋田県内陸南部、中越沖地震、長野県北部地震、三宅島、草津白根山、御嶽山、霧島山（新燃岳）、阿蘇山、桜島、箱根山、大阪北部地震、九州北部豪雨、広島豪雨、関東東北豪雨、豪雪、竜巻などの自然災害。筆者の頭にすぐ浮かぶ、平成時代三〇年間の災害です。資料をつぶさに確認すれば、ここに記せていない災害は幾つもあります。これ以上、平成という時代に災害の記録が増えてほしく無かったのですが、残念ながら平成最後の六月には大阪北部地震、七月には西日本豪雨災害、九月には台風二一～二五号による被害、その直後には北海道胆振東部地震が起きてしまいました。

きちんとした評価は、後世の歴史学者にお願いしなければなりませんが、恐らく、「平成という時代は大きな災害に見舞われ続けた時代だった」という評価が下されることと思います。天平時代ならきっと国分寺建立の詔が発せられたような状況です。今更ですが、「平成」は、「国の内外、天地とも平和が達成される」ということを願った名前のはずでした。

東日本大震災や熊本地震に見舞われたとき、これらの災害は平安時代の貞観《じょうがん》年間（八六〇年代）や仁和《にんな》三年に起きた一連の災害などとよく比較されました。貞観六（八六四）年五月の富士山の噴火、貞観一一（八六九）年の陸奥国地震・津波、貞観一六（八七四）年の鹿児島県開聞岳噴火などです。仁和三（八八七）年の夏には、マグニチュード八・〇〜八・五クラスの南海トラフ沿いの巨大地震があり、多数の犠牲者が出たことが記録されています。関東地方では、弘仁九（八一八）年夏、マグニチュード七・五以上の地震により大きな被害が出ました。北陸では天長七（八三〇）年冬、「歴代以来、未だ聞くことあらず」と記された記録が残されています。近年の報道でも「未《み》曾《ぞ》有《う》の、これまでに経験したことのない、過去に例の無い……」などと表現されていますが、歴史が続く限りこの表現も続くのでしょうか。

歴史上水害の記録は地震や噴火に比べて少ないのですが、それでも畿内では古代・中世の水害の記録が幾つも残されています。大同《だいどう》元（八〇五）年八月、「この月霖雨（あがあめ）止まず。洪《こう》流《りゅう》氾濫《はんらん》して、天下諸国多くその害を被る《こうむ》」と記されており、長雨だけでなく大きな洪水も発生したことがわかります。天慶《てんぎょう》元（九三八）年六月、「鴨河の水、京中に入り多く人屋舎・雑物を損す。廿年西堀河以西、海の如し。往還することあたわず」。延久《えんきゅう》五（一〇七三）年五月、「今月洪水。廿年来未曾有なり」と記され、たびたび平安京が洪水に見舞われたことがわかります。白河法皇が「賀茂川の水と双六《すごろく》の賽《さい》、山法師《やまほうし》」は思うようにならないとして例えたのもこの頃のことです。

この後、建暦《けんりゃく》二（一二一二）年に鴨長明《かものちょうめい》が自らの体験を『方丈記《ほうじょうき》』として綴りました。この中で「五大災厄」として、安元《あんげん》三（一一七七）年の大火、頼朝の挙兵した治承《じしょう》四（一一八〇）年の大風、福原《ふくわら》（兵庫県神戸市）の遷都、養和《ようわ》の飢饉（一一八一〜八二）元暦《げんれき》＝文治《ぶんし》の大地震（一一八五）をあげています。長明は人間の存在に対して「無常」をテーマに『方丈記』を記述しました。彼は文中に「さしも危うき京中の家」と記していますが、彼の目には京都という当時、最先端の都市があまりにも災害に対して脆弱《ぜいじゃく》で儚《はかな》いものに映ったのでしょう。

平安時代は災害が著しい場合や長引く場合年号を改めて、その影響から逃れようとしました。「災害改元」といわれる行為です。平成も終わりを迎えます。新しい元号の下では災害が無いことを祈ります。

【追記】令和6（2024）年1月、能登半島地震が発生し多くの方々が被害にあわれ、今なおその影響が続いています。先人たちは繰り返し起きた災難に立ち向かい、決してあきらめず何度も立ち上がりました。それが日本人の底力だと思っています。

関連年表

古墳時代	538	百済から仏教が伝わる(552年説あり)
	588	法興寺(飛鳥寺)をつくり始める(587年説あり)
	589	隋が中国を統一
飛鳥時代（前期）	592	推古天皇が豊浦宮で即位
	593	厩戸王(聖徳太子)が国政をつかさどる
	603	小墾田宮に移る
	604	憲法十七条を定める
	607	小野妹子を隋に派遣する　法隆寺をつくり始める
	618	唐が隋を滅ぼす
	630	第一回の遣唐使派遣
	645	中大兄皇子らが蘇我入鹿を暗殺(乙巳の変)
飛鳥時代（後期）	646	大化の改新の詔を出す
	663	日本・百済連合軍　白村江で唐に敗れる
	670	はじめて戸籍(庚午年籍)をつくる
	672	壬申の乱
	673	壬申の乱に勝った天武天皇が飛鳥浄御原宮で即位
	676	新羅が朝鮮半島を統一
	681	律令と国史の編さんをはじめる
		この頃、下野薬師寺創建か
	689	飛鳥浄御原令を制定
	694	藤原京に都を移す
	701	大宝律令を制定する

関連人物(生没年)

- 【628−554】推古天皇
- 【622−574】厩戸王（聖徳太子）
- 【643−…】山背大兄王
- 【645−…】蘇我入鹿
- 【626−…】蘇我馬子
- 物部守屋【587−…】
- 【671−626】天智天皇
- 【669−614】中臣鎌足
- 【653−…】僧旻
- 【686−631(?)】天武天皇
- 【702−645】持統天皇
- 【689−662】草壁王子
- 【720−659】藤原不比等
- 長屋王【729−676(684)】
- 【733−660】山上憶良
- 【731−665】大伴旅人
- 【709−…】下毛野朝臣古麻呂

平安時代　奈良時代

708 和同開珎を発行　平城遷都を決める
709 式部卿大将軍正四位下下毛野朝臣古麻呂が死去
710 平城京に都を移す
712 古事記が完成
720 日本書紀が完成
724 聖武天皇が即位

この頃、下野薬師寺大改修か

729 長屋王の変
737 天然痘大流行　藤原武智麻呂ら四兄弟が死去
740 藤原広嗣の乱　恭仁京に都を移す
741 国分寺の建立の詔を決める
742 紫香楽宮をつくる
744 難波京を都とする
745 都を平城京にもどす
752 東大寺で大仏の開眼供養がおこなわれる
754 唐から鑑真が来日
757 養老律令を施行、橘奈良麻呂の変、平城宮の改作
764 藤原仲麻呂の乱、百万塔をつくり始める
770 道鏡が失脚（下野薬師寺へ）
784 長岡京に都を移す
794 平安京に都を移す
809 平城太上天皇が平城京に移る
824 平城太上天皇が死去

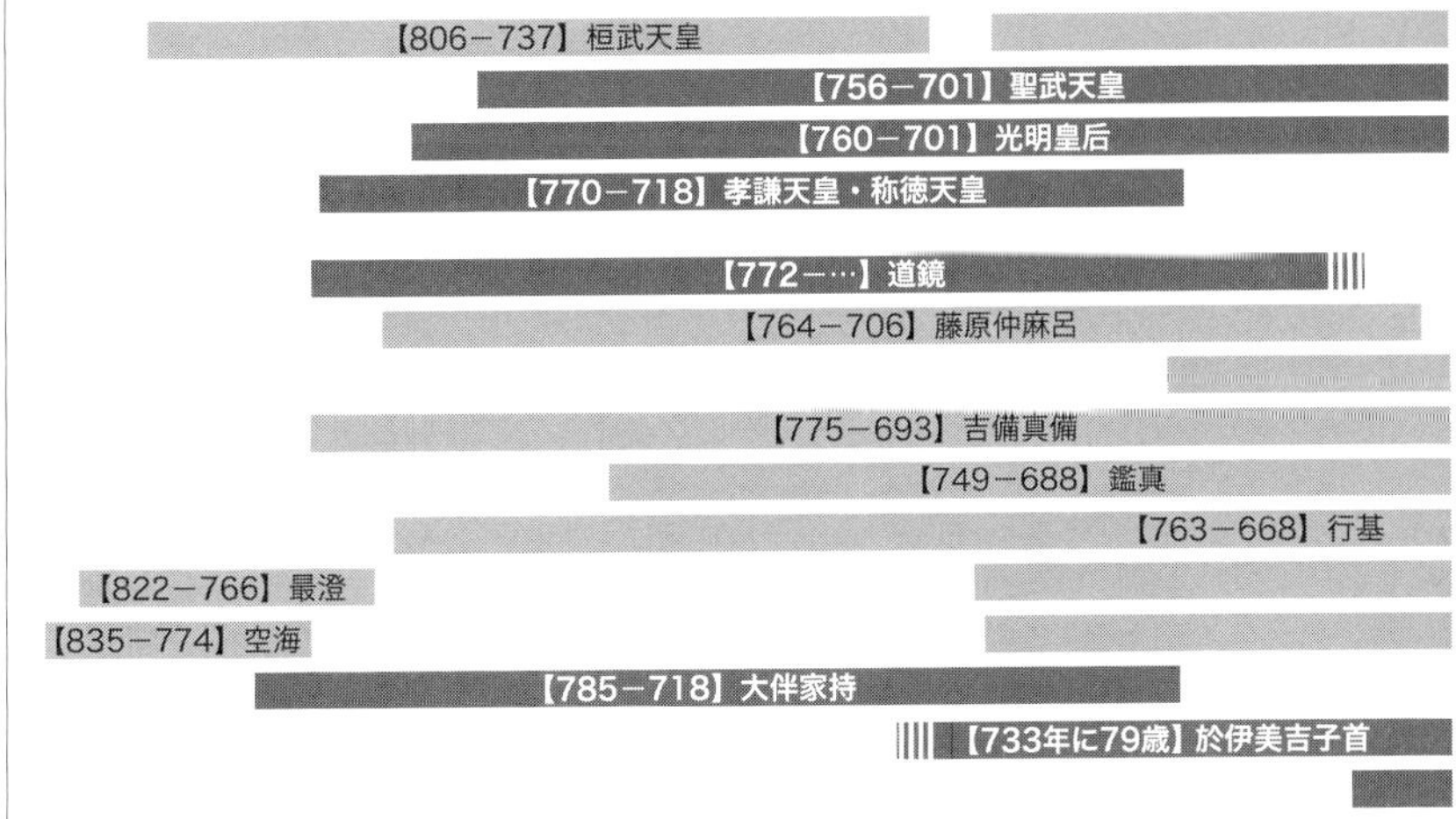

用語解説

◎下毛野朝臣古麻呂とは誰か？

姓（かばね）／古代の氏（うじ）が、政治的・社会的地位に応じて大王・天皇から付与された称号。六八四年の「八色の姓（やくさのかばね）」が制定された。

新羅（しらぎ・しんら）／四世紀頃から九三五年に朝鮮半島にあった国。七世紀後半に半島を統一。

◎国分寺建立の時代背景

寄付の背景／故太政大臣藤原朝（不比等）家は食封五〇〇〇万を返上しようとしたが、二〇〇〇戸は「依」旧」ってその家に返し賜い、三〇〇〇戸は諸国の国分寺に施入して丈六仏を造る料に充てることにした。慶雲四（七〇七）年に不比等は二〇〇〇戸だけを受領したが、天皇の方では減じた三〇〇〇戸にも支給済みとして書類上は五〇〇〇戸となっており、藤原氏の方でも額面は五〇〇〇戸、実質は二〇〇〇戸というように受け取っていたのであろうと推定されている。

◎古代のアカデミア

『色葉字類抄』／平安時代の辞書、日常語など言葉について記されている。

行　基（六六八〜七四九）／奈良時代の高僧、日本最初の大僧正、東大寺大仏建立の総責任者。

講読師／講師と読師。奈良・平安時代、諸国の国分寺に置かれた僧官で、僧尼を指導し、経論を講説する者を講師、また、これを補佐して法会などをつかさどる者を読師という。

◎春を告げたのは……

漏剋／奈良県明日香村で一九八〇年代に発見され飛鳥水落遺跡として史跡整備されている。

出挙／役所など公の機関が貸し付ける公出挙と富豪層が貸し付ける私出挙があり、大寺院などが貸し付けることもあり後の荘園化につながったといわれている。下野薬師寺も五百町の墾田を持っており、出挙の貸し出しをしていたと考えられる。

◎結婚相手を探すなら筑波山

歌垣／人々が垣のように円陣をつくって歌ったことに因む。なお「歌懸」とは、歌の掛け合いからの語。奈良時代には「踏歌」（集団での舞踊）の語もあった。

◎災害を記録する

五大寺／大安寺・薬師寺・元興寺・弘福寺の四大寺と山田寺と四天王寺のどちらかを指す。

金光明経（こんこうみょうきょう）／護国三部経とされる法華経・仁王経のひとつ。国を安泰とする経典。後に全国の国分寺に納められる金光明四天王護国経もある。

掲載図版・参考文献・資料提供・協力者一覧

【口絵図版】


（ⅰ）下野国分寺回廊ＣＧ（コンピュータグラフィックス）

（ⅱ）出土時の鬼瓦（国分尼寺第３次発掘調査：昭和41年７月）

（ⅱ）出土した瓦群（国分尼寺第２次発掘調査：昭和40年７月）

（ⅱ）出土状況を図面に描く（国分尼寺第２次発掘調査：昭和40年７月）

（ⅱ）下野国分尼寺跡発掘調査風景（東側から：昭和39年）

（ⅲ）下野国分寺金堂ＣＧ
（ⅲ）下野国分寺金堂・七重塔・中門（西側から）ＣＧ
（ⅲ）岐阜県根尾村（現・本巣市）から贈られ、下野国分尼寺跡に植えられた淡墨桜
（ⅲ）整備された下野国分尼寺跡（南西側から：昭和45年）

（ⅳ）西回廊と講堂基壇接続部付近から出土した礎石（薬師寺第４次発掘調査：昭和43年11月）

（ⅳ）講堂基壇西縁と礎石の中間地区から出土した丸瓦（薬師寺第４次発掘調査：昭和43年11月）

（ⅳ）西回廊跡の調査風景（北側から：薬師寺第４次発掘調査：昭和43年11月）

（ⅳ）出土状況の図面を描く大金宣亮。下野薬師寺跡や下野国府跡等の史跡整備に尽力した（薬師寺第４次発掘調査：昭和43年11月）

（ⅴ）史跡整備された現在の下野薬師寺跡（南西側から）

（ⅴ）下野薬師寺全景ＣＧ（南側から）

（ⅴ）下野薬師寺金堂ＣＧ
（ⅴ）下野薬師寺五重塔・回廊・中門ＣＧ
（ⅵ）薬師寺村外九ヶ村申出図（天和元［１６８１］年、所蔵：秋田県公文書館、『南河内町史』史料編５絵図より）

（ⅵ）薬師寺村外九ヶ村申出図（右上部分拡大図）

（ⅵ）薬師寺村外九ヶ村申出図（部分拡大略図：『南河内町史』史料編５絵図より）

（ⅶ）甲塚古墳築造を再現したＣＧ
（ⅶ）道鏡と孝謙（称徳）天皇にまつわる伝説が残る孝謙天皇神社（下野市上大領）

（ⅶ）ＣＧで彩色復元した機織り埴輪（甲塚古墳出土）

（ⅶ）下野薬師寺回廊に佇む道鏡（イメージ写真：『ビジュアル版 下野薬師寺』より）

（ⅷ）下野薬師寺五重塔ＣＧ（再建期 南西側から）


【図・地図・表】

（８）古代の日本と各国の国分寺・国分尼寺所在地
（10）平城京・藤原京位置図
（11）下野市域周辺関係遺跡地図
（12）奈良時代の天皇家と藤原氏系図・都の変遷（『Jr.日本の歴史２』を参考に作成）
（13）律令官制と職掌
（14）官位相当表（『若い人に語る奈良時代の歴史』を参考に作成）
（15）税の流れと役所の仕事（『那須の歴史と文化』を参考に作成）

第Ⅰ章

(19) 木簡「下毛野国足利郡波自可里」(所蔵・写真提供：奈良文化財研究所)
(20) 下毛野と上毛野(栃木県教育委員会事務局文化財課「とちぎいにしえの回廊Ⅰ・しもつけの夜明け」パンフレットを一部変更)
(23) 豊城入彦尊系図(『ビジュアル版下野薬師寺』掲載図をもとに作成)
(25) 下毛野朝臣古麻呂(イメージ写真：『ビジュアル版下野薬師寺』より)
(31) 南河内地域(「近つ飛鳥」)と大和地域(「遠つ飛鳥」)を結ぶ大道(『日本遺産ポータルサイト』掲載データを参考に作成)
(36) 新羅土器・陶質土器(西下谷田遺跡出土：小川忠博氏撮影：所蔵・写真提供：栃木県教育委員会)

第2章

(41) 国分寺関係年表(「国指定史跡下野国分寺跡」パンフレットをもとに一部改変)
(45) 下野薬師寺東基壇建物復元CG(想像)
(47) 下野薬師寺回廊CG(西側から北方向を望む)
(50) 「葡萄唐草文」瓦(『史跡下野薬師寺跡Ⅰ』より)
(53) 下野薬師寺西回廊北西隅から出土の瓦礫(『史跡下野薬師寺跡Ⅰ』より)
(57) 大正中期頃の三昧場溜池(『南河内町史』史料編5絵図より)
(58) 鉄鉢形土器(多功南原遺跡出土：栃木県教育委員会蔵、『仏堂のある風景』より)
(60) 税の納入と管理(『那須の歴史と文化』より)
(63) 増長天立像(下野国分寺跡第10次調査時に出土：所蔵・写真提供：栃木県教育委員会)
(64) 金銅仏(毘沙門天、下野国分寺跡鐘楼出土：市教育委員会蔵、『下野国分寺展』より)
(66) 文字瓦(ヘラ書文字)「田」(『下野国分寺跡Ⅻ』[瓦・本文編]より)

第3章

(71) 第Ⅱ期下野国庁復元模型(写真提供：栃木県教育委員会)
(74) 漆紙文書(複製、下野国府跡出土：写真提供：栃木県教育委員会)
(79) 下野薬師寺跡出土墨書土器実測図
(82) 復元された平城宮第一次大極殿
(86) 墨書土器「烽家」(所蔵・写真提供：宇都宮市教育委員会)
(87) 烽火台と関係のある復元された古代の竪穴建物(飛山城跡)
(89) 木簡「出挙」と「正税」実測図(下野国府跡出土：栃木県教育委員会蔵)
(92) 税を都まで運搬する(『あづまのやまのみち』より)
(95) 『正倉院文書』に残された於伊美吉子首の戸から提出された手実(書き起こし文)

第4章

(98) 墨書土器「市木」実測図(薬師寺南遺跡出土)
(101) 筑波山(中央：下野市仁良川で撮影)
(105) 機織り(『那須の歴史と文化』より)
(110) 墨書土器「酒坏」実測図(山海道2号遺跡[下野市]出土)
(113) 製塩土器実測図(左：下野国分尼寺跡出土、右：多功南原遺跡出土)
(114) 土馬(イラスト)

【参考文献】

○網野善彦(1997)『日本社会の歴史(上)』岩波新書
○市 大樹(2012)『飛鳥の木簡—古代の新たな解明』中公新書
○上野 誠(2013)『万葉集の心を読む』角川ソフィア文庫
○E・H・カー(清水幾太郎訳：1962)『歴史とは何か』岩波新書

○金子裕之（1997）『平城京の精神生活』角川選書
○金治　修（1986）『聖徳太子のこころ』大蔵出版
○北原糸子編（2006）『日本災害史』吉川弘文館
○北原糸子ほか編（2012）『日本歴史災害事典』吉川弘文館
○桜井邦朋（2003）『夏が来なかった時代』吉川弘文館
○佐竹昭広ほか校注（1999～2003）『萬葉集　一～四』（新日本古典文学大系1～4）岩波書店
○下野市教育委員会編（2008）『下野薬師寺跡発掘調査報告書』（下野市埋蔵文化財調査報告第5集）下野市教育委員会
○下野市教育委員会文化財課編（2018）『国指定史跡　下野国分寺跡』（パンフレット）下野市教育委員会
○田家　康（2013）『気象で読み解く日本の歴史』日本経済新聞出版社
○千葉公慈（2016）『知れば恐ろしい日本人の風習』河出書房新社
○寺崎保広（2013）『若い人に語る奈良時代の歴史』吉川弘文館
○栃木県考古学会編（2016）『とちぎを掘る』随想舎
○栃木県文化振興事業団編（1996）『下野国分寺跡XII』（瓦・図版編：栃木県埋蔵文化財調査報告第169集）栃木県教育委員会
○栃木県文化振興事業団編（1997）『下野国分寺跡XII』（瓦・本文編：栃木県埋蔵文化財調査報告第169集）栃木県教育委員会
○栃木県立しもつけ風土記の丘資料館編（1987）『常設展示解説　古代下野国の歴史』栃木県教育委員会
○栃木県立しもつけ風土記の丘資料館編（1999）『仏堂のある風景』（第13回企画展図録）栃木県教育委員会
○栃木県立しもつけ風土記の丘資料館編（2007）『下野国分寺展』（第21回秋季特別展図録）栃木県教育委員会
○栃木県立なす風土記の丘資料館編（1993）『那須の歴史と文化』栃木県教育委員会
○栃木県立なす風土記の丘資料館編（2006）『あづまのやまのみち』（第14回企画展図録）栃木県教育委員会
○西山　厚（2015）『語りだす奈良　118の物語』ウエッジ
○馬場　基（2010）『平城京に暮らす　天平人の泣き笑い』吉川弘文館
○広瀬和雄（2003）『前方後円墳国家』角川選書
○廣野　卓（1998）『食の万葉集』中公新書
○藤井一二（1997）『古代日本の四季ごよみ』中公新書
○三上喜孝・藤森健太郎（2010）『Jr. 日本の歴史2』小学館
○南河内町教育委員会編（2002）『ビジュアル　下野薬師寺跡』（解説図録）南河内町教育委員会
○南河内町教育委員会編（2004）『史跡下野薬師寺跡I』南河内町教育委員会
○南河内町史編さん委員会（1990）『南河内町史』（史料編5絵図）南河内町
○南河内町史編さん委員会（1991）『南河内町史』（史料編2古代・中世）南河内町
○吉川真司（2011）『飛鳥の都』岩波新書
○和田　萃（2003）『飛鳥』岩波新書

【資料提供・協力者（敬称略）】

秋田県公文書館　宇都宮市教育委員会
独立行政法人国立文化財機構 奈良文化財研究所
栃木県教育委員会　栃木県立博物館
大谷　由美子　小川　忠博　齋藤　恒夫　下田　太郎
鈴木　悠加　馬籠　和哉　吉原　啓

あとがき

本書上梓のきっかけは、平成二五年七月に板橋昭二副市長から『広報しもつけ』の紙面を使って文化財のPRをしてみないか」とお話をいただいたことから始まります。お話をいただく二カ月前の五月には、国史跡下野国分寺跡の第一次整備完成を祝して史跡において薪能を開催。一五〇〇名の皆様に春の夜の幽玄のひと時を感じて戴きました。同じ頃、甲塚古墳出土の埴輪の中に本邦初の機織りを表現する埴輪が含まれていることが判明しました。さらに、下野薬師寺歴史館には年間約九〇〇〇名を超える見学者が来訪し、平成二七年には、しもつけ風土記の丘資料館が県から市へ移管されました。

このような中で私たち文化財担当者は、本市のみならず国の宝でもある文化財をどうしたら知ってもらえるのか？　そしてその活用は？　という思いで、歴史文化基本構想の策定作業を進め、少しでも文化財のPRにつながることを期して広報誌への連載を始めました。

連載が十数回続いた頃、市外の方からご連絡をいただきました。御叱りの連絡かと思いながら電話口で対応すると「市外在住で広報誌が手に入らないが、いつもインターネットでダウンロードして読ませていただいている。面白いので、是非これからも続けてください」と励ましのお言葉をいただきました。その後、資料館に広報誌を取りに来て下さる市外の定期購読者の方もいらっしゃるようになりました。また、資料館の定期講座にお越しの方々からは「本にまとめてください」とありがたいお声をかけていただくようになりました。

このお声がけについても、連載開始時に板橋副市長から「連載五〇回を目指して、超えたら冊子も考えよう」との激励と共に、目標の設定をいただいていました。

連載開始から三年が経過した平成二八年度には『歴史文化基本構想』の策定が完了し、改めて本市の史跡や指定文化財と共に、今後、指定の必要性の高い数々の史料の所在か明らかになりました。中でも古墳時代後半から飛鳥・白鳳時代、奈良・平安時代の史跡や遺跡は、東国の歴史、特に渡来文化と仏教文化を考える上で重要性が高いことが再認識されました。これらの歴史的背景から、本市の文化財活用プロジェクトに「東の飛鳥」の名を提唱しました。

本書はそのプロジェクトの一つとして、広報誌掲載内容をもとに書き下ろしたものです。読者の皆様に古墳時代から飛鳥・奈良時代頃の本市の様相を少しでも感じていただければ幸いです。

東の飛鳥
Higashi no Asuka
下野市 Shimotsuke City

東の飛鳥 ― 新・下野風土記 ―

2019年1月10日　第1刷発行
2025年3月31日　第2刷発行

［著　者］下野市立しもつけ風土記の丘資料館
〒329-0417 栃木県下野市国分寺993

［発　行］有限会社 随想舎
〒320-0033 栃木県宇都宮市本町10-3 TSビル
TEL 028-616-6605　FAX 028-616-6607
振替　00360-0-36984
URL　https://www.zuisousha.co.jp/
E-Mail info@zuisousha.co.jp

［印　刷］モリモト印刷株式会社

Printed in Japan ISBN978-4-88748-365-1